JN116478

仕事を楽しむ整える力

~人生を自由に面白くする37の方程式~

樫野孝人（かしのたかひと）

はじめに

世の中には、ソフトバンクの孫正義さんや日本電産の永守重信さん、ユニクロの柳井正さんのような有名経営者がいる。ああいう方々から経営論や人生訓を学ぶことはとても価値あることだし、私自身もこれまで大いに勉強させてもらった。

でも、人の生き方はもっと多様で、いろいろあっていい。私はそういう有名経営者ではないが、「社会人になってからずっと仕事が楽しかった」ということは間違いなく言える。楽しかった原因はいくつも考えられる。人に恵まれたとか、ラッキーが重なったとか、時代が良かったとか。それに加えて、ほんの少しだけ私なりの「仕事を楽しくする方程式」を見出したのも事実。

私は地方大学を平凡な、というより低レベルな成績で卒業した。

リクルートの就職面接では、「私は生きるために働くのであって、働くために生きるのはイヤです。だから、リゲインのＣＭキャッチコピー『24時間働けますか？』なんて絶対ＮＧです」と答えたものだから、面接官は渋い顔をしていた。

「生意気な学生。本気で仕事をやる気があるのかどうかわからん？」

これが一次面接官の評価コメント。なぜ、自分の評価コメントを私が知っているかというと、配属が人事部になり、偶然自分自身の面接シートを倉庫から見つけたのだ。

リクルート入社後の最初の配属は神戸支社。これが東京本社だったら、並いる優秀な新卒社員の競争に飲み込まれて埋没してしまったかもしれない。運良く神戸支社という小さな世帯の組織で少しずつ自信をつけながら仕事のステージを上げることができた。

そしていつのまにか、毎日自ら喜んで残業し、側から見れば立派な仕事人間になっていた。帰宅後も休みの日も、仕事のことを考え、どうすればもっと上手くできるか、成果が上がるかを考えていた。学生時代に

「もっと野球が上手くなりたい」と思い、毎日野球のことばかり考えていた頃と同じように仕事に熱中していたのだ。

実はネガティブ思考だった私は、そうして失敗しながらひとつずつ自分なりの方程式を会得し、少しずつポジティブ思考になり、目の前の困難を乗り越えてきた。そうした実体験をもとにしたエキスが本書には詰まっている。なので、論理的じゃないし、ビジネスモデルや数値的な話もない。

だが、私はこれまでの35年間の道程を限りなく楽しみ、多くの友人と出会えて、こうして元気に充実して生きている。それぞれの仕事の結果や周囲からの評価については百点満点とは言えないかもしれない。が、変化に富んだユニークな道程だったのは確かだ。

リクルートに新卒で入社して普通のサラリーマンとなり、人材開発部を経て、キャンパスマガジンの編集長を経験。ある日突然、リクルートがダイエー（現・イオングループ）に買収され、そのタイミングで幸運にも福岡ドーム（現・福岡ＰａｙＰａｙドーム）に出向させてもらい、マイケル・ジャクソンやマドンナなどのコンサートやシルク・ド・ソレイユ福岡公演など3万人規模のイベントプロデュースを手掛けることになる。出向からリクルートに戻ってからは、子会社のメディアファクトリーで『バトル・ロワイアル』や『ジュブナイル』などの映画製作をしながら、ミニＦＭ局の取締役兼番組プロデューサーもやらせてもらった。

そして、映画プロデューサーとして脂が乗っている時にＩＴベンチャーのアイ・エム・ジェイの社長としてヘッドハンティングされ、いきなり経営者の道を歩むことになる。社長就任直後にＩＴバブルはクラッシュし、壁にぶち当たったもののなんとか株式公開。以後10年間経営し、売上規模を25倍、グループ25社の連結グループに成長させたところで後継者にバトンタッチ。子どもの頃から夢だった神戸市長選挙に立候補し、政治家への転身を図るも2度も落選。浪人中に地方自治体で行政経験を積み、その後、地域政党を結成し、ようやく兵庫県議会議員に。

1期4年、議員を務めて引退した後、県立大学の客員教授としてMBAで講義をしたり、広島県に新しく設立された叡啓大学のコンサルティングをしたりしている。客観的に見ても、かなり珍しい変化に富んだキャリアを歩んできたと言えるのではないだろうか。

この道程で私が見つけた「仕事を楽しくする方程式」は、難易度が高い裏技ではなく、誰でもマネできるし、継続してやっていくと漢方のように効果が出てくる。

もちろん、本書に書いた方程式も「数ある方程式」の一部に過ぎないが、あなたの引き出しに入れておいて絶対損はない。

「最近、行き詰まっているなぁ」と感じる時に引き出しから出して使ってもらえれば、きっとピンチを乗り越えられるはず。本書があなたの人生の節目において少しでも役に立つことを心の底から願っている。

はじめに

目次

第2章　心の状態を整える

第3章　環境を整える

第4章　アイテムを整える

第5章　準備と行動を整える

第1章

仕事の大前提を整える

1 人生の半分はブルーなの？

広告代理店勤務の29歳、上司に女性差別を受ける既婚女子、年下男子に恋するキャリアウーマン、頑張りすぎるシングルマザー、生涯独身ＯＬなど、仕事、恋愛、結婚、子育てなど悩みながら奮闘する女性たちが見事に描かれている映画『ＧＩＲＬ』（２０１２年公開）。香里奈、麻生久美子、吉瀬美智子、板谷由夏という豪華女優陣が共演し、主題歌は西野カナ。私が経営していたＩＭＪエンタテインメント（現・Ｃ＆Ｉエンタテインメント）制作の映画なのだが、この映画のキーとなるセリフが、

「人生の半分はブルーだよ。ブルーと向き合わなきゃ、きっと人生は輝かない」

そう思う。ブルーと向き合って、バラ色に変えないと人生は楽しくない。

仕事に費やす時間は約８時間。往復通勤時間を含めると約10時間。１日24時間のうち40％以上にもなる。寝ている時間を除くと人生の半分以上が仕事がらみの時間となるから、仕事が楽しくないと「人生の半分が楽しくない」と言うのは真実味を帯びてくる。

だから、仕事に向き合うしかない。仕事に向き合って、ブルーな仕事をバラ色とまではいかなくても、明るい色に変えることができれば人生の半分はきっと楽しくなるはず。

そもそも仕事に「面白い仕事」と「つまらない仕事」なんて区別はなくて、自分が面白くするかどうか、楽しめるかどうかという「取り組み方」による部分が大きい。面白いと思って仕事をしている人は、何をやっても面白そうにしているから、面白い情報や人も集まってくる。「つまらない」と思って愚痴や文句ばかり言っている人には誰も関わりたくないから、いつの間にか不平不満を抱えた人たちばかりが集まって、自分たちの不運を嘆き、どんどん負のオーラに包まれて幸運の神様からも見放されてしまう。

まずは、自分が面白くなるように行動して、周囲から見て「楽しそうオーラ」を出し、「仕事を楽しむ」ことがとても大切なのだ。

そのためには少々コツがいる。でも安心してもらいたい。ストイックなスーパーマンしかできないような難しいコツではない。誰にでも実行可能な「ちょっとした方程式のオンパレード」だ。今いるステージからひとつ上のステージに上がりたい人、ちょっと疲れて踊り場にいる人、袋小路に迷い込んでどうしたら良いか分からなくなっている人など、全ての人にきっと役に立つはず。なぜなら普通のサラリーマンだった私にできたのだから、皆さんにできないはずはない。ちょっと冷静に今の自分と、自分が置かれている状況を幽体離脱した感じで眺めてもらい、これまでの経験と照らし合わせながら読み進めてもらえればと思う。

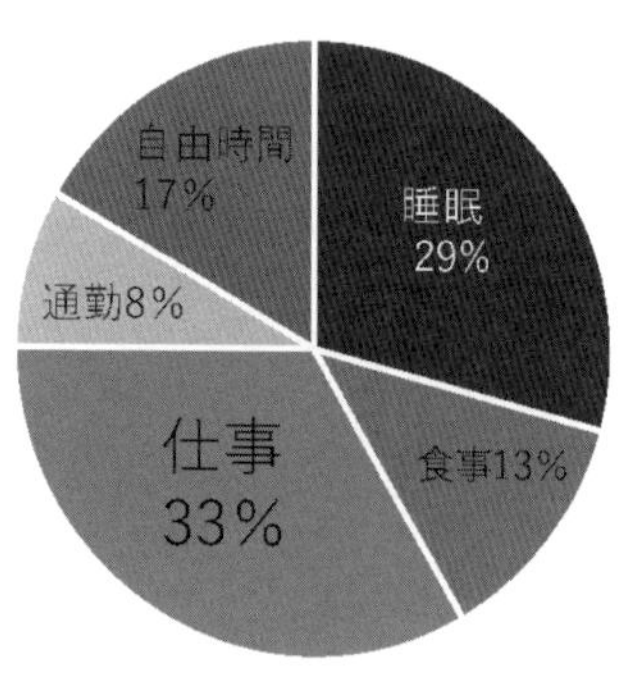

２ キャリアデザインより大事なこと

仕事を楽しくする方程式を「仕事の大前提を整える」「心の状態を整える」「環境を整える」「アイテムを整える」「準備と行動を整える」という5つの整える力で紹介していくつもりだが、大前提として考えておくべき重要なことがある。

それは、キャリアデザインよりもライフデザインを先に考えておくということ。

前項で「仕事が面白くないと人生の半分はブルー」と書いたが、これは仕事をしている期間、一般的に「生産年齢人口」といわれる15歳から64歳くらいまでの話。

しかし、現実は寿命も伸び、65歳以降も30年くらい人生が続く可能性が高くなっている。定年後、家にも地域にも居場所がなく、仕事オンリーだったので家族との折り合いも悪いなんて状態になったら最悪。

トータルで「楽しい人生だったなぁ」と思えるように、１００歳までの人生をデザインして、今から動く方が絶対良い。このあたりはベストセラー『ＬＩＦＥ ＳＨＩＦＴ～１００年時代の人生戦略』（リンダ・グラットン、アンドリュー・スコット著、東洋経済新報社）にしっかり書かれてあるのでご参考に。

私は今から35年前、就職活動の時に「人生多毛作な生き方」をしようと思いついた。どうしてそんなことを思ったかというと、やりたい仕事がいくつもあり、全部やってみたいという好奇心が旺盛だったから。それに、飽き性なのでひとつの仕事を40年も続けられないだろうという考えもあった。

終身雇用が前提で、まだ転職が後ろ向きに捉えられる時代だったから、随分見通しの甘い無茶な考えだったのは事実だ。

その時の私の構想は、22歳から41歳までビジネス、42歳から61歳まで政治、62歳以降はそれまでに学んだことを後世に伝える教育という三毛作で考えていた。

20年ずつで人生を区切り、その20年間はその分野を全力で走る。

気をつけたのは着手する順番だけ。

政治↓ビジネス↓教育？ 教育↓ビジネス↓政治？ どの順番で着手すると人生三毛作を実現する可能性が高まるか。

政治はお金がかかりそうなので稼いだ後の方が良い、政治をやった後にビジネスをすると悪いことに手を染めそうだ（笑）。

教育現場だけの経験でビジネスに転向するのは難易度が高いかもしれない。

教育は「人を育てる」というとても難しいことなので、私自身がそれなりに経験を積んだ後の方が良い、そんなざっくりした方針で、ビジネス→政治→教育という順番を決めたのだ。

しかし、実際にはそんなに計画通りに上手くいかない。

リクルートでエンタメビジネスを経験して映画ビジネスにハマってしまい、急遽ビジネスと政治の間に映画（文化）というステージを挟むこ

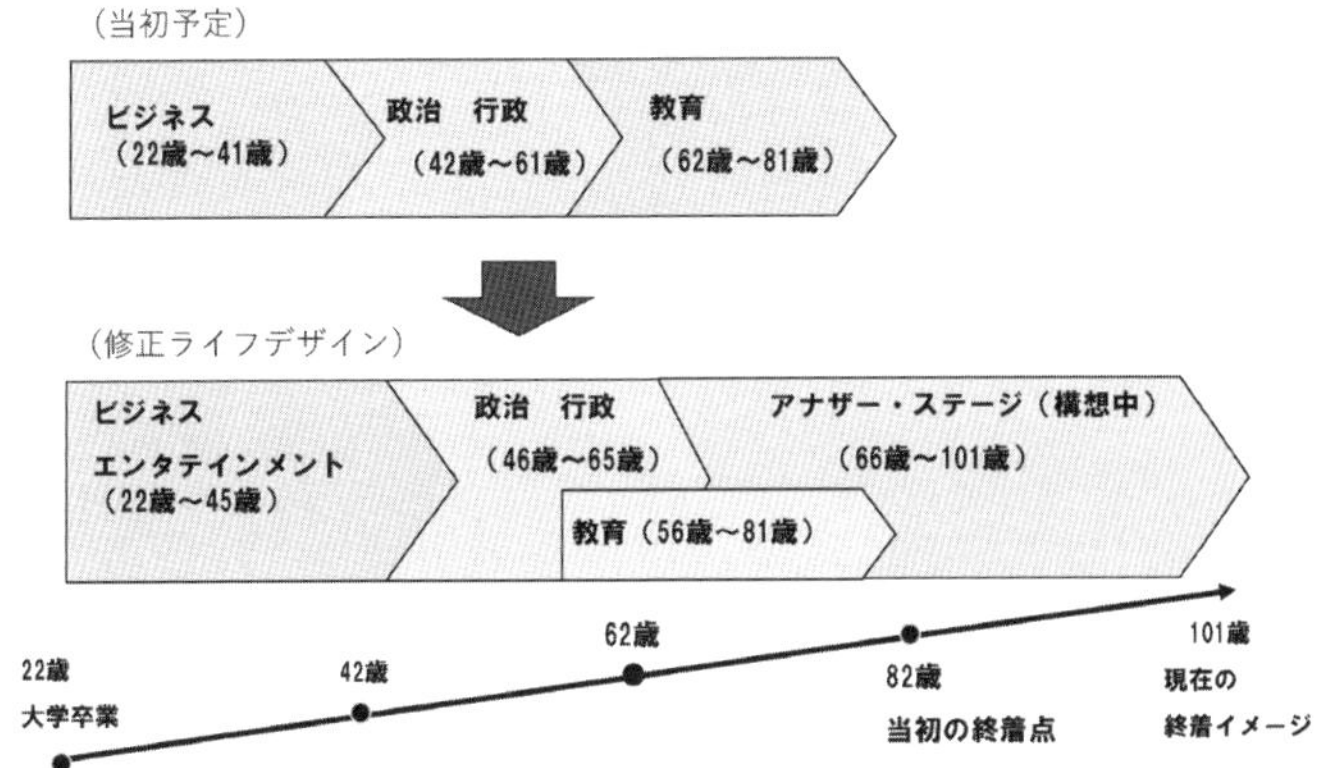

とになる。その影響で少し人生プランが遅れ始め、ビジネスも楽し過ぎて「もう少し続けたい」という欲が出て、結局「42歳で政治へ転職」が4年遅れて46歳になってしまう。4年遅れて政治の世界に入ったのに、2回も落選したので、さらに4年も人生計画がズレてしまった。

ただ、私にとってラッキーだったのは、人生100年時代に突入したおかげで、5年10年のズレは許容できる時間だと思えるようになったこと。これまでは62歳から82歳くらいの20年間を教育ステージと考えていたが、その先も十数年ありそうなので、まぁいいかと。

もうひとつ考え方が変わったのは、ひとつの仕事をやり終えてから次の仕事に移る必要はなく、やりたい仕事を2つ3つ並行してやっても良いという「律儀さを緩和」したこと。実際、教育の仕事に携わってみて、教えるだけでなく社会の中で何か実業をしていた方が現場最先端のナレッジを学生に伝えることができると感じる。

私が大学生の頃に感じた「あの先生、毎年同じことを黒板に書き、同じことを教えている」のではなく、社会の進化に合わせて毎年提供できる知をアップデートするには自分自身もプレイヤーとしての側面を持っておいた方が良いと思うのだ。

リクルートの先輩、藤原和博さんの著書『１００万人に1人の存在になる方法～不透明な未来を生き延びるための人生戦略～』（ダイヤモンド社）の中に、「１００人に1人しかいないような希少性を持つことを3ステージ達成すれば１００万人に1人の価値をもった逸材になれる」と書かれているが（私が各分野で１００人に1人の希少性を持つなんて、おこがましいことは思っていないが）、人生多毛作な生き方は自分の存在価値を高める人生戦略としても有効であると私も思う。

なので、仕事は人生を楽しむためにハズせないけど、長い人生の一部でしかないことも事実。「たかが仕事、されど仕事」なのだ。まずは、キャリアデザインをする前にライフデザインを考えてみるのがとても大切。

１００歳までの道程の大まかな方向性を描いてみよう。ゴルフに例えると、どこにグリーンがあるか、どこに打つとＯＢになるか、グリーンにのせるまで何打でのせるか、そのくらいの方針を決めていればＯＫ。その上で、この先に書く「仕事部分」の楽しくする方程式を読んでもらえると嬉しい。

3 あなたの時間単価はいくら？

あなたは自分の時給をどれだけ意識しているだろうか？学生時代は「より時給の高いバイト」をアルバイト情報誌やネットなどで、必死になって比較して探していたと思う。

が、社会人になると基本的に月給制なので時給感覚は薄らいでしまう。例えば、初任給20万円の会社に就職したら１カ月20日勤務（祝日を差し引くと年間勤務は２４０日前後だろう）で日給１万円。１日７時間とすると時給は約１４２８円となる。コンビニなどのバイトの時給１０００円と比べると約1.4倍。逆に正社員になっても1.4倍しかないのかと驚いてしまう。

会社の場合は夏冬の賞与も加算されるから年収で計算しなおすと、月額20万円

＋年間４カ月の賞与として３２０万円。これを12カ月で割り戻すと月27万円弱。日給にして1万３３３円、時給は１９００円。コンビニのバイトの1.9倍になる。

しかし、家庭教師のバイトは１回２時間、月４回で２万円とすると１回５０００円、時給は２５００円。会社に就職するより短期的には時給が良いのである。

但し、家庭教師の時給は据え置きがほとんどで、会社の給料はたいていの場合、年々上昇する。残業抜きの年収４２０万円で並ぶので、月収26万円になる年齢（30歳までには到達するかも？）で家庭教師を超えることになる。

サラリーマンになって年収１０００万円プレイヤーになるのをひとつの目標にしている人もいるが、この１０００万円には残業代が含まれている。

おそらく基本給が55万円、賞与込みで年収８８０万円、残業代が年１２０万円くらいの内訳が多いのではないか。そうすると、基本月給55万円を時給に換算すると３９２８円。これを高いと見るか、責任の重い仕事を毎日している割には安いと思うかはあなた次第。

では、他の職種の時給はどの程度だろうか？

弁護士は、人にもよるが相談料は1〜2万円が相場。有名な弁護士事務所だと3万円とか5万円という場合もある。私の知り合いの経営コンサルタントは月額450万円のチャージなので日給に換算すると22万5000円、時給にして3万2142円、有名弁護士並みといったところか。日本有数のコンサルタントになると年収2億4000万円、月収2000万円、日給100万円、時給14万円くらいが最高峰と言えるかもしれない。

もうひとつ、社外取締役の時給についても触れておく。

中小企業の場合で毎月の取締役会に出席して、大所高所から意見を述べ、事業に必要なアイディアを出したり、人脈を紹介したりして月5万円、1回の取締役会議は約2時間だから時給は2万5000円程度となる。大企業となると社外取締役も月額20万円より安くなることはないので、時給は10万円。日本有数のコンサルタントと同じくらいの価値を期待されているということだろう。

ちなみに、地方議員の場合は市や県の大きさで報酬もバラツキがある。月額報酬30万円の市会議員もいれば、月額90万円の市会議員もいる。議会に必ず出席しないといけない日数は常任委員会など含め、年間約１００日、月平均８日くらいだから月額90万円だと日給11万円。一日７時間も議会があることは少なく、３～６時間くらいだから時給は２～３万円。つまり弁護士並みの価値を発揮して、行政のチェックを求められているわけである。

はたして地方議員がそれだけの価値を発揮できているのかというと甚だ疑問。地方議員を減らして、公認会計士事務所と弁護士事務所と経営コンサルタントに仕事を依頼した方がいいと言った良識ある市会議員がいたが、私も本当にそう思う。

近頃、日本人の生産性が低いという話題が持ち上

コンビニなどバイトの時給	1000円
新入社員の時給	1900円
家庭教師の時給	2500円
年収1000万円プレイヤーの時給	3928円
弁護士の時給	1万円～5万円
経営コンサルタントの時給	3万円～14万円
地方議員の時給	6600円～3万円

がる。

私もサラリーマン時代は、給与総額を増やすことに興味があったが、そのために我慢した「余暇時間」は、とんでもなく多い。今考えると、ワークライフバランスなんて全くないほど滅私奉公していた。つまり、時給は恐ろしいほど低い状態で頑張っていたのだ。

22歳の就職面接の時、「私は生きるために働くのであって、働くために生きるような人生にはしたくない」と生意気なことを人事担当者に宣言し、呆れられた。なのに、入社後は、それとは逆の「24時間働きますサラリーマン」をやっていたのだ。

お金だけで仕事をはかるべきではないが、対価は自分の市場価値を表すし、生み出す付加価値にも比例する。時々、自分が費やした仕事時間から割り戻して、自分の時給がどうなっているか、点検するのも良いと思う。

4 時給を上げる方程式

では、この時給を上げていくにはどうしたらいいのか？

そもそも「時給」はどうやって決まっているのか？

時給を上げていく一番手っ取り早い方法は出世することだ。ポストを上げていくと時給は上がっていく。平社員から課長に昇進した際に、残業代が付かなくなって年収ベースで平社員時代の方が年収が多かったなんて話も聞くが、それは課長がサービス残業をしているから起こる現象であって、基本的な時給は必ず課長のほうが多いはず。サービス残業をさせている会社のマネジメントに問題があるので、そこを解決しないと意味がない。

もうひとつは業種だ。産業はそれぞれに事業構造が違うので、儲けの仕組みが異なる。その儲けの中から従業員に何％程度を給与として支払うかが労働分配率である。たまたま従業員第一主義の人が社長になり、労働分配率を上げてくれたとしても、その業種の収益構造を大きく変えることができなければ、大幅上昇は見込みにくい。そもそも収益率が高い業種で働かないと時給を上げるのはかなり大変なのは言うまでもない。もちろん仕事は給料だけが重要ではないので、給料が高いからといって嫌いな仕事に就く必要はない。ただ長い人生を考えた時に「お金との付き合い方」は整理しておいた方が良いのは確かだ。

そして、この2つの合わせ技が転職だ。自社では上位役職が詰まっていてなかなか昇進できないとか、上司との相性が悪くて評価してもらえないということはよくある。一方で会社の規模を少し落とした転職をすると、ひとつ上の役職で迎えられるケースが多い。「鶏口牛後」という故事があるが、大企業で不遇な課長をやるなら、中堅企業で部長をやったほうが未来は明るい。さらにその中堅企業に将来性があり、大企業に成長していけばその功労者としてあなたの次の道も開けてくるだろう。もちろん転職の際には年収交渉も条件として出るので、転職先の会社があなたを欲しければ必ず今の年収より高い年収を提示してくるはず。ベンチャー企業なら同じ年収でもストックオプションのような株式を含み益として提示してくる会社もあるだろう。こうした節目を自ら作っていくことが時給を上げる旅を上手く乗り切る方程式でもある。

5 切り札「辞めます」を使えるか？

「心の持ち方」という意味でもうひとつ重要なのが「しがみつかない」「こだわらない」という心持ち。これは熱心にやってはいけないとか、飽き性になれと言っているのではない。ひとつのことに固執しすぎると、その良さも悪さも見えなくなってくるからだ。

「私にはこれしか無いのです」という状態になると、「失敗できない」と自分を追い詰め、保守的になり、フットワークが重くなる。相手にとっても重い存在になる。恋愛の場合はあなた一筋の方が良いのだろうが、仕事の場合は心の中で二股、三股をかけていても何ら問題はない。

私も30代の頃、いつかは起業しようと思っていたので、どのようにその予行演習や訓練をするかを考えていた。ただ、さすがのリクルートも当時は副業禁止。そこで、友人が起業する際に一口株主にならせてもらって、経営執行はしないものの、起業準備、起業してから起こる様々な出来事、トラブル、乗り越える壁などを友人経営者の真横で逐一見せてもらった。見るのと実際やるのとでは大違いなのだが、少なくとも事前シミュレーションはできたし、「岡目八目」とはよく言ったもので、横で見ているからこそ気づくことも多かった。

今は副業が許容されつつある社会になってきているので、会社以外の収入、今の仕事以外にやってみたい仕事、今とは違う環境で働いてみたいと思える職場を持っておくと、心に余裕が出てくる。

常に代替案・代替職を自分の中に密かに持っておくのだ。そうすると、ブラック上司の命令に理路整然と反論することもできるし、間違った方向に意見集約されそうな時でもフラットな意見を述べることができる。実はそうした言動の方があなたの評価は高まるし、周囲から一目置かれるようになる。

仮に、そんなあなたを「命令に背くヤツ」「組織の和を乱すヤツ」とレッテルを貼るような会社なら、即刻その会社は辞めた方が良い。あなたの能力を殺すばかりか、下手をするとあなたの健康まで損ねてしまう。たかが会社、その仕事であなたの大事な人生を台無しにする権利はない。

「そこまで言われるなら、辞めます」

この切り札をあなたが持っているかどうかで、あなたの迫力はかなり違ってくる。そして、不思議なもので「いつでも辞めてやる」という気迫のある人材を会社は引き止めたくなる。ここは恋愛の駆け引きと同様、追うと逃げるし、逃げると追っかけられる。人は感情の生き物。嬉しいことも人と人の関わりに起きるし、悲しいこと、悔しいことも人と人の間で起きる。だから、その自分の感情に逃げ道を作っておかないといけないわけだ。

しがみつかない状態を作っておくことは、楽しく仕事をするために重要な方程式なのである。

6 擦り傷・捻挫・骨折しながら分不相応な仕事に取り組む

野口悠紀雄さんの『「超」勉強法』（講談社文庫）で書かれている基本原則「全体から理解する」は、仕事を楽しくするためにとても重要な視点である。

中でも、パラシュート勉強法のように、最初から難しい課題（ゴール）に取り組み、解くために必要な最小限の要素だけを一度学ぶと全体感が把握できて、上手くやるコツがつかみやすくなる。ちなみにパラシュート勉強法は、「登山の際に麓から一歩ずつ登っていき山頂を目指すのではなく、飛行機で山頂付近まで行き、パラシュートで山頂を目指す」ことから名付けられている。山の頂上から見れば、どの道が登りやすいか、どのルートが最適か一目でわかると言えば理解しやすいだろう。

アイ・エム・ジェイの新卒採用の説明会で、私は仕事のステップアップについて次のように話していた。

「まず1年目は、数百万円のウェブサイトを先輩と一緒に担当し、とにかく先輩のマネをして、技を盗んでください。

2年目は、その数百万円の仕事のリーダーとなって、自分が切り盛りしてみてください。

3年目からは、楽天市場のような数億円の大きなプロジェクトをいくつか担当し、なるべく早くプロジェクトマネジャーやエースディレクターを経験してもらい、4年目以降は、自ら大規模プロジェクトを創り出す立場になって、アイ・エム・ジェイを引っ張って行ってほしい」

大は小を兼ねる。大きな仕事を経験していると、その過程で起こる様々な課題や対応策、失敗する時の傾向などが見えやすい。だから、なるべく早く大きな仕事の経験をした方が良い。もちろん多少痛い目に遭うくらいの方が後々の成長につながるし、メンタルも鍛えられる。命に関わる大怪我は避けた方が良いが、仕事における擦り傷・捻挫・骨折くらいは早めに数多くやっておいた方が良い。健康も仕事も同じで、歳を取ってからの怪我は治りにくいし、後遺症が出るケースもあるので、無茶や冒険は若いうちにやっておくのがベターなのは言うまでもない。

私もアイ・エム・ジェイがまだ１００人くらいの企業の時は、個人技としてのヒューマンスキルでなんとかマネジメントをしていたが、１０００人規模に成長した時は仕組みとしてマネジメントを捉えていたし、その要諦を掴んでいたように思う。

その後、カルチュア・コンビニエンス・クラブ（TSUTAYA や蔦屋書店、Tポイントを経営する元・東証一部企業）の社外取締役を経験することで、年商

３０００億円超、従業員数３０００名超の組織では、どういう問題が起こり、それをどう解決していくのかを目で見て、肌で感じ、行動することで、その先に起こる様々な課題に対しておおよその予測ができるようになった。そして、心の準備とシミュレーションをすることで、「怖さ」を克服できないまでも軽減してきたのである。

なるべく若いうちに、分不相応な大きな仕事に取り組み、擦り傷・捻挫・骨折を経験して痛みに慣れておくこと。「私はまだ力不足です」とか、「徐々にステップを踏んでから」なんて言って、自らチャンスを見送ったらもったいない。

「じゃ、若いうちって何歳まで？」という質問があるかもしれない。60歳定年の時代なら働くのは約40年だから、その半分の40歳までだったと思うが、今は人生１００年時代。少なくとも50歳までは「若いうち」と言っても良いだろう。

それに、サミュエル・ウルマンの『青春の詩』にあるように、「青春とは人生の或る期間を言うのではなく、心の様相を言うのだ。（中略）年を重ねただけでは人は老いない。理想を失う時に初めて老いがくる」という一節や、多くの人が

「残りの人生で今日が一番若い日」と名言を残しているように、心の状態で「若さ」を考えると終わりはない。この「若さ」は見た目だけではなく、中身についても「充分なケア」をしていかないと、あっというまに歳を取る。実際、20代で「若年寄」のような人もいるので、くれぐれも「心のお手入れ」は抜かりなく。

7 山を2つ登ると見える世界が違ってくる

私は、部署異動したあと、しばらくするといつも「前の仕事を今もう一度やると、以前よりもっと上手くできる」気がしていた。

きっと、新しい職場で学んだことや経験したことの中に、前の職場で活かせることが見つかったからだと思う。この新しい気づきや知見は前職に留まっていては、どうあがいて努力しても見えなかったものが多い。

だから、意識して、定期的に違う仕事を経験することはとても重要だ。もちろん今の仕事が楽しくて、変わりたくないケースもあるだろう。でも、その大好きな今の仕事をもっと上手くやるために、違う仕事をしてみる勇気を持ってほしいのだ。

そして、その「違う景色」の幅が大きいほど、見える景色も大きくなる。私のキャリアは人事の仕事に始まったが、そのあとの編集の仕事への振れ幅が大きかったので、かなり新しい発見があった。さらに、サラリーマンから経営者への転身も振れ幅が大きかったし、経営者から政治家への転身も自分の成長に加速度をつけてくれたと思う。

図を見てもらうと理解が早いと思うが、このように見える面積が圧倒的に広がるのだ。それをひとつやってから2つ目、3つ目と順を追ってキャリアを変えて行ったのだが、ひとつずつ着手するやり方を遅まきながら50代になって思いきって変えてみた。

「別に、いくつかのことを並行してやっても良いんじゃない?」

と思ったからだ。ホリエモン（堀江貴文さん）の『多動力』（幻冬舎）もおそらく同じような考えだと思う。同時にいくつもの仕事、プロジェクトを進めていくと、それぞれに新しい視点が盛り込まれ、ブレイクする瞬間が多くなるのだ。もっとこの法則に早く気づいて、30代の頃からやっておけば良かったと思うこともあるが、時間は元に戻らない。今年58歳になるが、今日が一番若い日だし、まだ人生50年弱ある。だから、最近は複数プロジェクトを同時に手がけるように仕事の幅を広げている。

感覚的には、読書においてビジネス本と小説と趣味の本を同時に読んでいるようなもの。とにかく楽しみながら、時には「積ん読」のように少し放置している状態のプロジェクトがあっても良い。

同時多発的進行。これ、本当にオススメである。

同じ業界の規模の違い

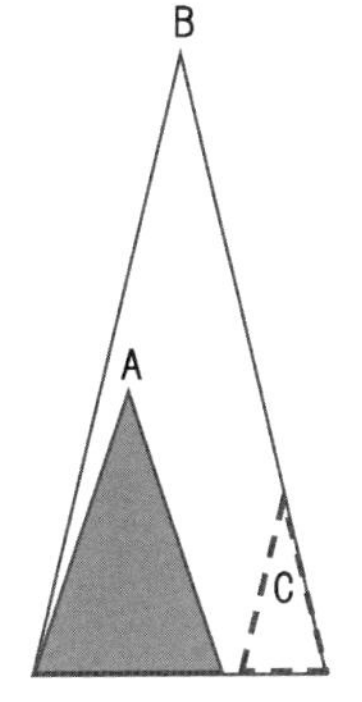

中小企業の社長Aより、大企業の社長Bの方が、白い部分の面積だけ見える景色が大きい。大企業の課長Cより、中小企業の社長Aの方が見える景色は大きい。

かなり離れた業界への転職

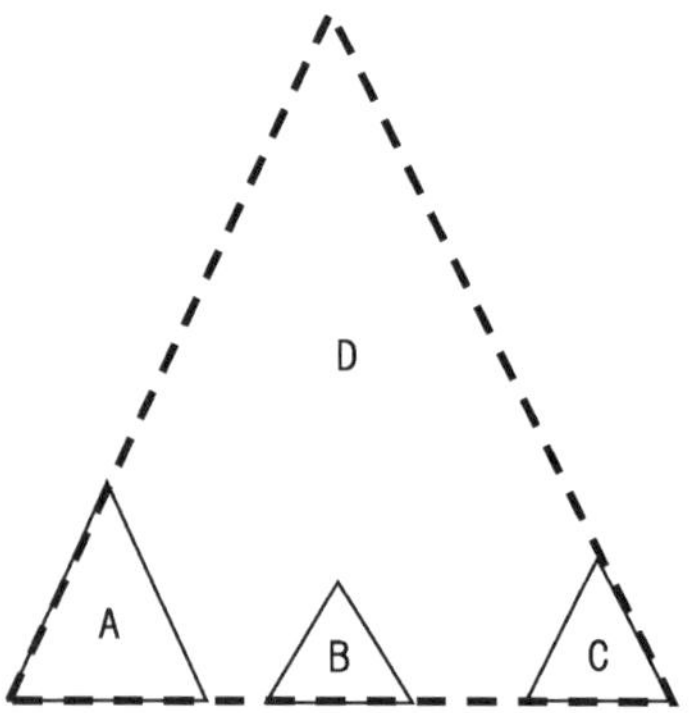

AからB、Cへと転職すると、点線で囲まれたD領域についてもイメージできるようになり、かつてのA、Bの仕事についても俯瞰して、従来とは違った見方ができるようになる。

違う事業への異動

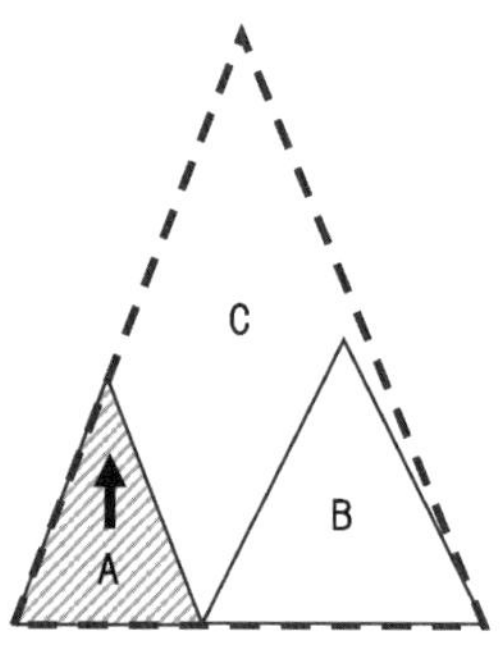

Aの仕事で登っていくと斜線面積が増えていくが、Bに転職するとBの景色だけでなく、点線で囲まれたC領域についてもイメージできるようになる。

第2章

心の状態を整える

8 「好き」を仕事にすると幸せか？

福岡ドーム（現・福岡ＰａｙＰａｙドーム）でコンサートなど興行の仕事をしていた時、ライブを観にいくとステージセットや音響照明、客入りの具合、演出などが気になって、純粋に楽しめなくなった時がある。

同様に映画の仕事をしている時も、カット割りやシナリオ、役者のキャスティングや演技が気になって、映画そのものに入り込めなくなり、泣けなくなったことがあった。今はそうした仕事を離れて時間が経ったせいか、はたまた年齢のせいか、ようやく普通に泣けるようになってきた。その時、思った。「好き」を仕事にすると、「好き」なことを楽しめなくなりそうだと。

でも、こういうことも言える。

野球を好きだからと言って、イチローや松井秀喜みたいになれるとは限らないが、イチローや松井秀喜は間違いなく野球が好きなはず。

その仕事を好きな人が上手とは限らないが、上手な人は必ずその仕事が好きなのだ。「努力できるのも才能」と言うが、そもそも「好き」だと「苦労」とか「努力」とか感じないでやり続けることができる。

実際、私もリクルートで働いている時、毎日終電まで残業し、休みの日も仕事関係の本を読んだり、勉強したりとかなりの時間を費やしたが、「しんどい」と思わなかった。それをすることが好きで、楽しくて、成長する自分が嬉しくて、時間を忘れるくらい働いた。

生まれ持っての才能が2倍違うということは稀だと思う。差があったとしても1.2倍程度。仕事の結果にもっと大きな差が出るのは、努力する時間が加味されるからだ。逆にいうと、生まれ持っての差は、努力で充分挽回できる。

例えば、就職面接で学生が「ゼミで〇〇をかなり勉強してきたので、その知識を活かしたい」と熱く語ってくれることがある。それはそれで素晴らしいのだが、仮にゼミで毎週10時間2年間研究したとしても、合計１０００時間にしか過ぎない。

会社に入ると、残業無しでも1日7時間、１年間働くと合計１７００時間。一から初めて遅いことは何もないし、逆に学生時代の勉強にこだわりすぎて自分の可能性を狭める必要もない。大学選びもゼミ選びも、広い社会と自分の適性を本当にわかって選んだ学生は数少ないと思うからだ。

私が大切だと思うのは、その仕事について努力することが苦にならないか、嬉々として勉強できるか、ゲームに熱中するように今やっている仕事に夢中になれるかだと思う。

「自分は好きでやっているだけなのに、他人から見たら努力しているように見える」

そう思える仕事かどうかだと思うのだ。

でも、実際にそう思える仕事に就けるなんて、滅多にないよという意見もあるかもしれない。私も、自分にぴったりの天職に出会うというのは確率が低いと思うが、それは「職」を探そうとするからじゃないだろうか。

違う観点で仕事をみると、努力を努力と感じない、努力が楽しくなる働き方ができると思うのだ。

9 天職よりも秀職を探す

天才と秀才の一番の大きな違いは、その秀でた能力がどのように授かったものなのか、その出所だという話がある。秀才の秀でたその才能は、後天的に得られたもの、すなわち自らの努力と行動によって得た才能。天才は、文字通り天から授かったような才能、もとより備わっていた先天的な能力ということのようだ。

前項で「好きな仕事」について書いたが、例えば野球少年がプロ野球選手になる、音楽好きがミュージシャンになる、建物好きが建築家になる、お菓子好きがパティシエになるなど、「天職」に出会い、その仕事に就ける人もいる。が、みんながみんな天職に出会えるとは限らない。天才と秀才の違いじゃないが、仕事にも後天的に好きになる仕事があると思うのだ。

それは「人より得意なこと」、つまり「天職」ではなく「秀職」。「今でしょ！」の林修さんも、「やりたいことより、できることを仕事にする方が、幸せになる確率が高い」と言っているが、私もまったく同感。

人より上手にできる仕事に就けば、相対的にその組織内での報酬は多くなるだろう。出世すれば自分の考えを通せる場面が増えるのも事実。

最近、昇進を望まない若い人が増えているとか、役職が付くと残業代が付かなくなるのに、責任は重くなってしんどいだけという理由で、昇進を断るケースが増えていると聞くが、もったいない話だと私は思う。

役職が上がる、つまり権限が増える＝自由度が増えていくので、一緒に働くメンバーも選べるようになっていくし、自分の考えやスタイルで仕事を進めていける。上手くいった時の快感は、言われた通りにやる仕事に比べて数百倍手応えがある。昔、「重役出勤」なる言葉もあったが、出社時間さえも自由度が増すのだ。

囲碁や将棋、麻雀でも、後ろから他人に「ああしろ、こうしろ」と指示されてやっても、ちっとも面白くない。間違った打ち手でも、自分の考えで手を打ち、その結果が跳ね返ってくるからゲームは面白いのだ。

「その船を漕いでゆけ　おまえの手で漕いでゆけ

おまえが消えて喜ぶ者に　おまえのオールをまかせるな」

ＴＯＫＩＯの『宙船』（中島みゆき詞・曲）

のように人生も仕事も、自分の手でオールを漕いでゆくから、楽しくやりがいがある。だから、天職に巡り合わなくても、秀職に就く状態を作ることを目指せば良い。

他より少し優れていて、周囲から頼られている状態、期待されている状況、自分の意思を限りなく反映できる環境、良い結果も悪い結果も自分の責任であり、自分のおかげという状態作り。ダメならまたやり直せば良いだけだ。

実は、この状態に近いのが起業。全て自分次第。もちろん、資金繰りの心配やプレッシャーはあるが、精神的な自由度はとても大きい。無理に会社を大きくする必要はない。

「好きな仕事」を見つけるより、「好きなようにできる状況」を作る方が、実現の可能性が絶対高い。

私自身もいまだに「好きな仕事」に就けているのかどうかわからない。

子供の頃に憧れたプロ野球選手は、才能の無さですぐに諦めざるをえなかったが、どんな仕事に就いても（会社都合で就かされても）「好きなようにできる状況」

に変える努力をしてきた。そして、その状況が整ってくると、仕事はどんどん面白くなると実感した。

「仕事を楽しむ」ためには、仕事内容よりも、実は「自分の置かれた状況づくり」の方が大きなウエイトを占めるのである。

10 エフィカシーを高くする

「樫野は心臓に毛が生えている」なんて悪友に言われることがあるが、私自身は決して気持ちが強い方だなんて思ったことはない。

野球でも、「次の打席で三振したらどうしよう」とビクビクしている時もあるし、サラリーマン時代も仕事のプレッシャーで先輩に泣き言を言ったこともある。「樫野って、意外とクヨクヨするよね」と何度も笑われたこともある。

多くの失敗や痛い目を経験して、少しは心の耐性が強くなってきたとは思うが、まだまだ「弱気な自分」が顔を出すことがある。そんな自分の心の状態を良くするために、エフィカシーを高くすることがとても大切。

「エフィカシー」とは、心理学用語で、「効力」や「有効性」という意味だが、そのエフィカシーが人について用いられるとき「セルフ・エフィカシー」といい、「自分の能力を評価する」という意味で使われる。自分に自信があるという意味の自尊心とは違い、ゴールに向かった時に結果を出せると信じることであり、「自分はできる！」と思えることが「エフィカシー」である。

高校3年生の夏、模試で500点しか取れず、大学受験を前にして自信喪失したことがあった。その時、偶然中学時代の友人（いわゆる元カノ）に会い、かけてもらった言葉が

「樫野くんならきっと大丈夫よ！」

この言葉にどれだけ勇気づけられたか。おそらく彼女は私のその時の成績をよく知らないし、中学時代の印象で軽い気持ちで励ましてくれただけなのだが、私にとっては「もう一度自分を信じて頑張ろう」と思える言葉になった。

誰でも自信喪失する時はある。そんな時に、自分を励ましてくれる環境があるのと無いのとで乗り切る力が全然違う。

「できる」「やれる」「何でも相談に乗るよ」と言ってくれる友人や先輩後輩に囲まれているか、「やめた方が良い」「どうせ無理」「失敗したら大変なことになる」と負の感情を増殖させる人に囲まれているかで、結果は大きく変わると思うのだ。

耳の痛いことを言う人を遠ざけるとか、反対意見に耳を傾けないとか、食わず嫌いをして同種の人しか付き合わないという類のことを言っているわけではない。反対意見であろうと、前を向いた建設的な、ポジティブな意見であれば大歓迎。それとは別に、自分の心の状態を整えるための良い環境を作ろうということ。

これは何も人間関係だけの話ではなく、生活環境でも工夫ができる。

私がオススメするのは、

「一番自分が上手くいった過去を文章化し、見える場所に貼っておく」

（過去の表彰状を貼るのは、近い行動かもしれない）

「良い状態の時の写真を目に見える場所に飾る」

（一番キラキラしていた時の写真をいつも目に入るようにしておく感じ）

今年はコロナ禍の苦しみを乗り越えるため、今まで以上に自分を励まそうとお気に入りの人生訓を集めたオリジナルの「日めくりカレンダー」を作り、毎朝そ

れを見て一日をスタートしている。

音楽の効果も抜群に良い。朝起きた時の音楽、プレゼンテーションに臨む音楽、スポーツ選手が気持ちを高揚させる音楽。マイ応援ソングを繰り返し聴いたり、元気が出る本を再読したりするのも良い。

仕事を楽しむために、まずは、エフィカシーが高くなるよう心を整えることに気をつけてみよう。

11 １００人に夢を語ると実現するというのは本当か？

「１００人に夢を語ると実現する」も「嘘のような本当の話」だと私は思っている。

昔読んだ本に「営業マンが受注を諦める平均訪問社数は11社」と書いてあった。一方で、「営業マンが受注できる平均訪問社数は13社」とも書いてある。つまり、心が折れずに、あと2社訪問すれば受注できたのに、行かない、行けないのが人の心なのだ。わかる。そりゃ11回も断られたら心が折れる。今は優れたセールスオートメーションツールがたくさんあるから、こういう足で稼ぐような営業はもうなくなってきているとは思うが、これは営業だけの話ではない。

私も選挙活動の駅立ちで、政策ビラを配ろうとして無視され続けると心が折れていたし、10人に1人が受け取ってくれることで、また頑張って配ろうと勇気が出たのも確かだ。要は「断られる」という現象をどう捉えるかということが重要なのだ。

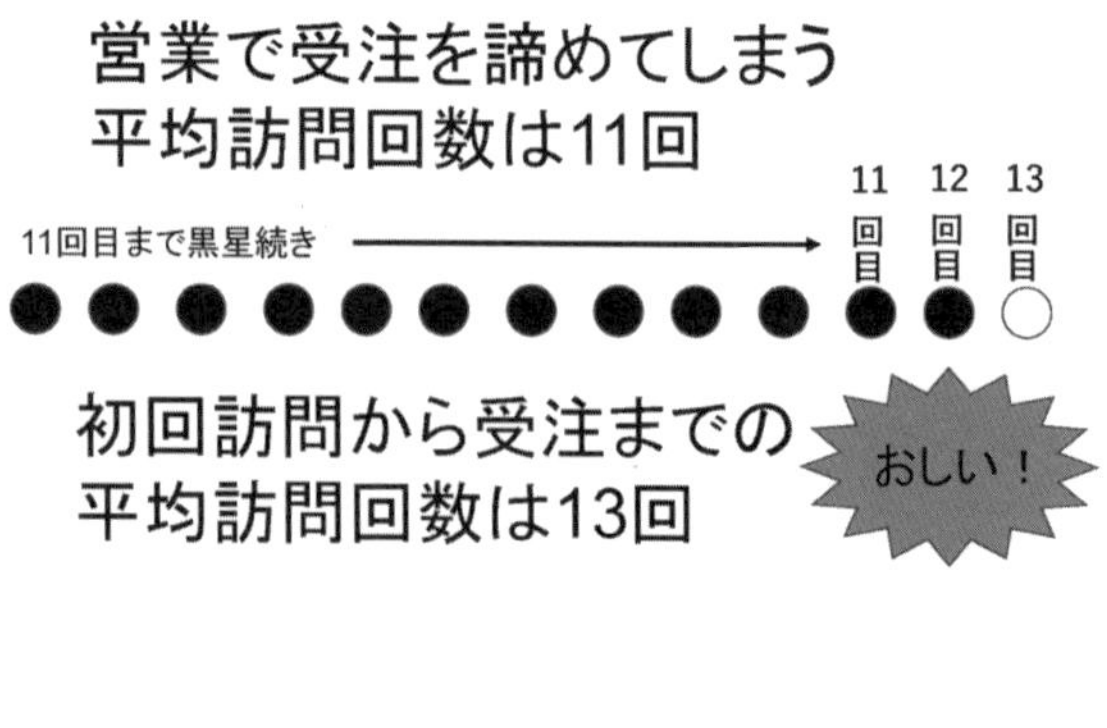

クリティカル・マスという言葉を聞いたことがあるだろうか？

クリティカル・マスとは、アメリカの社会学者エベレット・M・ロジャースが1962年に「イノベーター理論」で提唱した「商品やサービスの普及が爆発的に跳ね上がる分岐点、もしくはその爆発的な普及に必要な市場普及率16％のこと」

ある商品やサービスが市場に登場すると、最初は最も先進的なイノベーター（革新者）と呼ばれる消費者層に受け入れられ、次に新しいものに敏感なアーリーアダプターと呼ばれる利用者層に広まっていく。それから徐々に、保守的な利用者層に広がっていくのだが、

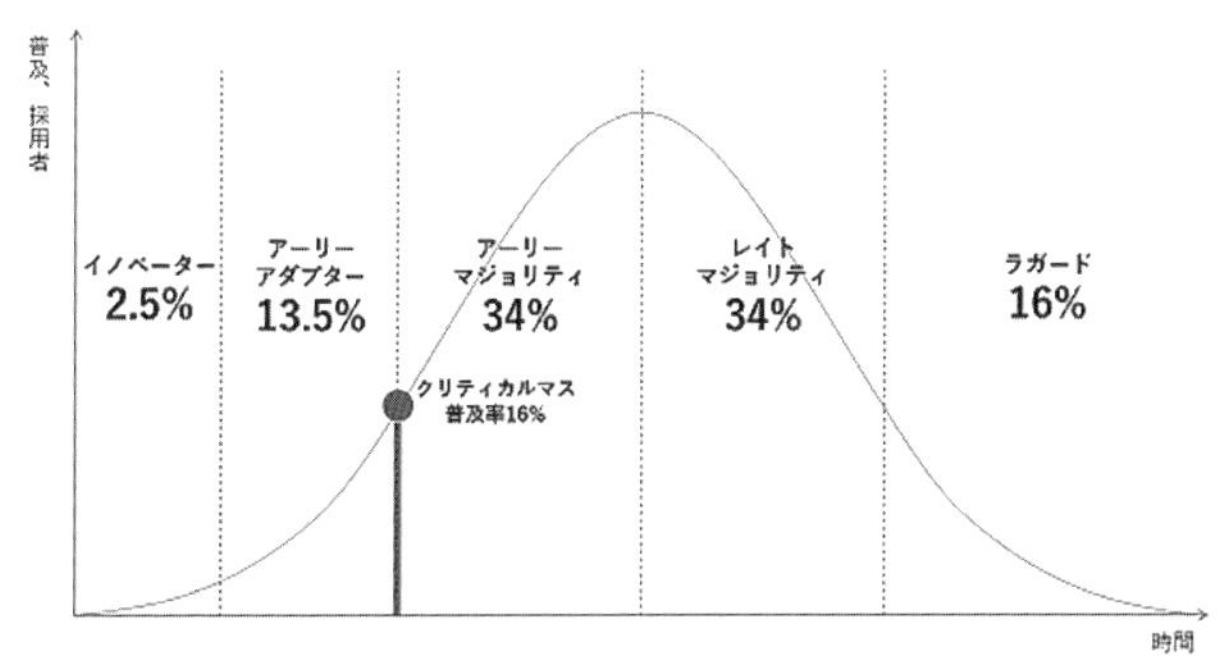

市場全体の普及率がクリティカル・マスに達すると、それまでの普及率の伸びが一気に跳ね上がると指摘されている。

話を戻そう。

誰かに自分の実現したい夢を語り、協力をお願いした時、前述の営業マンの例のように、12人目までは、「そんなの無理」「絵空事」「面白いけど難しい」……とネガティブな反応をもらう。13人目にようやく、「ええやん、それ」「力になるから、できることがあれば言ってね」と好感触がもらえる。その依頼をさらに続けると、また12人に断られ、13人目に協力者が現れる。26人に話し、協力者は2人。39人に話し、協力者は3人……。91人に話すと協力者は7人。104人に話すと協力者が8人になる。この濃厚協力者8人それぞれが、その人が影響力を持つ友人を1人ずつ巻き込んでくれると協力者の数は16人。

104人のうちの16人は率にして15．4%。クリティカル・マスに近づいてくる。そこから一気に、認知が広まり、ファンが増え、夢が形になっていくのではないかと思うのだ。

でも、ここまで到達するまでに、実に104人に話し、一旦は96人に断られるという苦い思いを乗り越えていかなければならない。

「改革は、たった1人の情熱で始まる」と言われるが、始めてからも、何度も諦めそうになる場面がある。その諦めそうになる時「クリティカル・マスを超えるまで粘る」ことが、成功への鍵なのだ。

12 目の前にぶら下がったニンジンを食べた方が良いか？

会社に所属していると迷う場面に度々遭遇する。転職や人事異動を申し出て、

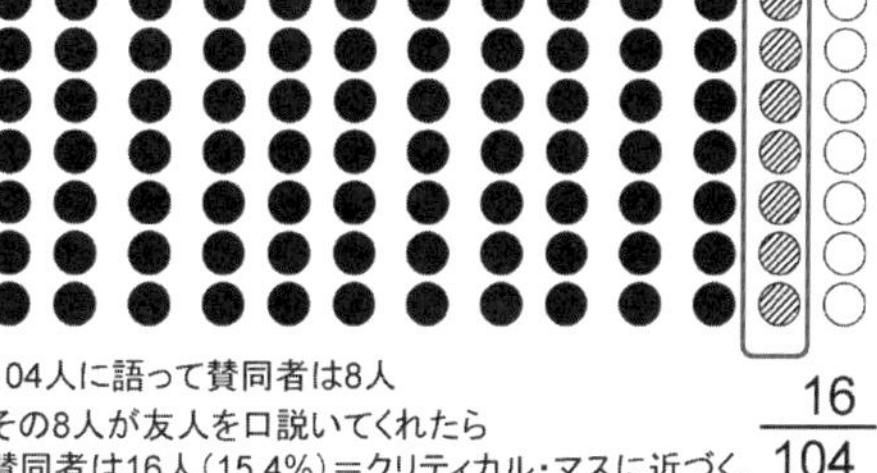

上司に引き止められるケースは特にそう。昇進・昇格というニンジンをぶら下げられ、「今の仕事は大変だけどもうちょっと頑張れ！」とか。

今の職場である程度評価されていて、同僚や先輩後輩とも仲が良いと、判断に迷う。仕事内容がどうしてもイヤなわけじゃないけど、今後のキャリアを考えたら、居場所を変えた方が良いとか、違う経験をする時期とか、誰でも経験があるはず。

私もあった。

同じ仕事を3年やった後、異動願いを提出したら、上司から「あと1年ここにいたら昇進するのに、異動したら最低1年は遅れるかもしれないよ」とか、後輩から「私らを残して他部署に行ってしまうのですか？」とか。

これは別に上司や後輩が悪いわけではない。

会社にとって必要、部署にとって必要だと思ってくれているから、引き止めているわけでありがたい話だ。もちろん中には、形式的に引き止めているケースもあるだろうが。

大切なのは、自分の判断。

私の考えは、お金は後でも取り返せるけど、ポジションは取れる時に取った方が良いと思っている。ポジション獲得による視点の変化や経験値は、仕事力をつけるうえで欠かせないと思うからだ。特に日本は同じ役職同士で情報交換や交流する傾向があるので、課長研修に呼ばれるのか部長研修に呼ばれるのか、社長交流会なのか経営幹部交流会なのかで、情報の質や人脈の質が変わる。

前述したが、私は昇進・昇格推奨派。それが組織内で自分の自由度を上げ、実力をつける最良の方法だと思うからだ。

とはいえ、ポジションを獲得すると（昇進すると）、３年ぐらいは同じ仕事・環境を続けることになるので、仕事内容そのものからの刺激は減る可能性は高いかもしれない。ポジション獲得によるスキルアップと、同じ業務継続による成長感の鈍化というデメリット。一方で、異動による新しいスキル獲得と環境変化による成長というメリットと、マッチしない異動だった場合の社内評価の低下というリスク。

最悪なのは、平社員の時に昇進せずに職種を異動し、昇進が遅れたばかりか新しい職種で力を発揮できずに、平社員のままで各地を「たらい回し」になっていくケースだ。

私も、まさしくその危ない異動をしたことがある。人材開発部にいる時、そこそこ評価してもらっていたのだが、次に希望して異動したのは門外漢の編集業務。ここで結果を外していたら「たらい回し」キャリアになっていたと思う。人事の仕事で「人を見る目」や「組織マネジメント」「口説く力」を身に付けたので、次は「社外人脈」と「編集スキル」を身に付けたいと思い、編集業務への異動を希望した。運良く、編集でも良い仕事ができて課長に昇進したが、あの異動は振り返ってみるとギャンブルだった。

26歳だった当時は「異動したい」「新しい仕事をしたい」という感情優先の判断だったから、そんなリスクをわかっているはずもなく、「できる」という根拠の無い自信で突っ走っただけだった。

ただ、意思決定する際に大切なのは、社内で通用する力をつけるのではなく、社会で通用する力をつけることに真っ直ぐに動くこと。若いうちなら変なプライドが邪魔することもなく、現場の泥臭い仕事が苦にならないから、初めての仕事をするなら早い方が良い。

実際、私は50歳を超えても選挙活動時に街頭でビラ配りをしていたから、もともと泥臭い体質なのかもしれないが、新しい挑戦は年齢に関係なく何歳からでも可能だ。

どちらが正解ということはないが、人生の中で目の前にニンジン（実利がある精神的障害物）がぶら下がることが時々ある。その時に、感情だけで判断せず、信頼できる先輩や上司に相談して決める方が良い。

特に、「次のチャンスが回ってくる確率はあるか」「キャリアプランのタイムリミットはあるか」「急がば回れができるか」など、あらゆるシミュレーションをした上で決めたいものだ。失敗の無い意思決定などないから、決めたらあとは結果が良くなるように頑張るだけ。

上手くいかなくても、きっとその経験もそのうち活きてくるので、勇気を持って決断してほしい。

13 「変化する」のは怖いけど、「試してみる」のは、みんな大好き

私自身も影響を受けたし、若いメンバーによくオススメした本が、デイル・ドーテン著『仕事は楽しいかね？』（きこ書房）。

大雪で閉鎖になった空港で、偶然老人に出会う。日々の仕事にゆきづまりを感じ、未来に期待感をもてない35歳の〝私〟は、老人の問いかけに動揺してしまう。その〝私〟に対して、老人による一晩だけの講義が物語形式で書かれている。

この書籍の中で、私が好きなのが、「人は変化が大嫌いなんだが、試してみることは大好きなんだ」という言葉。

誰でも大きな変化や改革、挑戦は怖い。勇気がいる。覚悟が必要となる。でも、「試してみる」という言葉に変えると、心が軽くなり、面白そうで、少し冒険心やいたずら心を感じることができる。

このくらいの感覚で、日々の仕事の中に「試してみる」ことを取り入れ、小さな改善を積み重ねると、それが大きな前進につながっていく。仮に、その「試したこと」が上手くいかなくても、大きな痛手にはなりにくい。その小さな失敗は

きっと次の成功の糧になるはず。

上司があなたの素晴らしいアイディアに渋っていたら、ニコッと笑って

「リスクを小さくして、ちょっとだけ試してみませんか？」

と口説いてみれば、意外と話が進んだりするからぜひこれも試してほしい。

14 心の状態を整える４つのポイント

「心の状態を整える」章の最後は、私が日頃留意している４つのポイントについて紹介する。

ひとつ目は、「打率志向から安打数志向へ」

野球で打率を追うと毎日心が揺れる。昨日は３打数１安打なので打率３割３分３厘、今日４打数１安打だったのでトータル７打数２安打で２割８分６厘になってしまった……と、上下する数字に心穏やかでいられない。

ところが、昨日は安打１本、今日も１本でトータル２本……とカウントしてい

けば、増えることはあっても数字が減ることはない。毎日積み重ねていくことに専念する方が心が揺れずに打ち込める。イチローが打率を意識せずに、安打数を増やすことに集中していたのもそうではないだろうか。

なので、営業コンペなら、勝率が何割とか考えずに何回コンペに出たかを意識する。年間で何冊の読書をしたかをカウントする。何日スポーツをしたかを数える。

努力が目に見えて増える行動を意識して、自分を励ますのである。

2つ目は、勝ちグセをつけること。

例えば、麻雀には必ず風や流れがある。ツイているか、ツイていないか、勢いが増しているか、劣勢か……。この流れ、ツキを呼び込むには、勝ち運を呼び込まないといけない。それには一発逆転の大きな勝利を狙う必要はない。タンヤオのみ、ピンフのみの安手でも上がるのが大切。

悪い流れを止めて、一息つくためにも「小さな勝利」をまず狙う。

言い方を変えると、「勝てる勝負」を1回挟むこと。必ず勝てる（褒められる）

仕事を入れて、自分の気持ちを整える。これは、状況が悪い時に、一か八かの勝負に出て痛い目に遭った過去の反省でもある。

３つ目は、７秒ルールの魔法の言葉。

昔、秘書に教えてもらったのだが、カーッとなっても7秒くらい時間を空けると少し冷静になれるということ。なので、その7秒という時間を稼ぐ魔法の言葉を唱えている。

その言葉は、「な・べ・や・き・う・ど・ん」

頭に血が上ると、心の中で、ゆっくりこの言葉を呟いて、７秒の冷却時間をとるようにしている。仕事で部下にアドバイスする時も、怒りの感情を込めてはダメ。改善すべき点は伝えるが、あくまで感情は冷静でないと部下の心に届かない。「何、考えとんや！」と言いたくなる気持ちを抑える時にも、「な・べ・や・き・う・ど・ん」は、ちょっと可笑しくて効果的。

４つ目は、他責ＮＧ。

アイ・エム・ジェイのクレド（企業として大切にしたい信条や行動指針）に書き記したが、

「他人と過去は変えられないが、自分と未来は変えられる」

そうであれば、変わる未来に対して働きかける方が建設的。そういう意味で、いつもこうありたいと思っている。

自分が変われば相手も変わる。
心が変われば態度も変わる。
態度が変われば行動も変わる。
行動が変われば習慣も変わる。
習慣が変われば人格が変わる。
人格が変われば運命が変わる。
運命が変われば人生が変わる。

第3章

環境を整える

15 上司を選ぶ

好きな人とツライ仕事をするか、嫌いな人とミシュラン2つ星で食事をするか、どちらかを選ばないといけない場合、あなたはどちらを選ぶだろうか?

私は間違いなく前者を選ぶ。

誰と一緒に働くかは、仕事内容以上に私にとっては大きな要素。仕事内容選びより同僚選びの方が「仕事の楽しさ」につながると思っている。

だから、私はリクルートの採用マン時代も、アイ・エム・ジェイで採用をしている時も「好きな人材」を集めていた。この「好き」は、意見が同じとか、タイプが似ているという同質人材を意味していない。あえて共通項を探すなら「前向き」「頑張り屋」「センスが良い」くらい。

ただ、採用する側なら部下を選べるが、あなたが採用される側なら思うようには上司を選べない。新入社員の時など、配属次第で天と地ほど差が出る。

どの企業にも(自分にとって)良い上司と悪い上司がいると思うのだ。いわゆる「モチベーションキラーな上司」と、「モチベーションジェネレーターな上司」。

いつも自分のモチベーションを上げてくれるモチベーションジェネレーターな上司に運良く出会ったら、あなたの会社人生はかなりツイている。逆に、できない理由ばかりを言い、手柄は横取り、失敗は部下に責任を押し付ける上司の下に配属されたら、会社人生はお先真っ暗だ。

では、そういう時はどうしたらいいか？

私は、直属の上司だけでなく、いつも「心の上司」を見つけ、弟子入りした。必ず１人や２人は、あなたの良さを理解し、能力を伸ばしてくれる先輩が企業にはいる。ひとりもいない企業は、そもそも成長しないし、存続していないはずだ。

直属の上司を「タテ関係の上司」だとすると、隣の部署の上司、違う支社の上司など、「ナナメ関係の上司」を見つけるのだ。社内報で活躍が記事になっている先輩でも良い。良い上司として噂を聞く人でも良い。最初は趣味や出身地が同じという接点だけでも良い。とにかく、直属の上司以外に何人かの上司を自分で勝手に決める。

そして仕事の相談をする。飲みに誘う。一緒に遊びに混ぜてもらう。お返しは、昔ならお中元やお歳暮を贈っていたのだろうが、今なら便利なスマホアプリを教えてあげるとか、若い世代のトレンドの店や音楽の情報提供でも良い。少しくらいは役に立つことをして、あとは嫌われない程度にまとわりつく。

大丈夫。後輩に慕われて嫌な気持ちになる先輩は少ない。迷惑そうにしていても、嬉しいもの。

「あの先輩のスキルを身に付けたい」そう思うと、心の上司はひとりでは済まない。おそらく社内で数人はいるだろう。

昨今、部署異動の希望を出せる人事制度がある企業が増えているが、全くフラットな状態での人事異動は意外と少ない。たいていは、社内のつながりで引っ張られていくものだ。つまり、人事異動も出来レース。

ならば、先にこちらから行きたい部署の先輩と仲良くなり、可愛がってもらい、自然な流れで「先輩、私を先輩の部署に異動させてください」と頼むか、先輩から「次のタイミングでうちの部署に異動希望を出したら？」と声をかけてもらうのだ。

「頑張っていたら、きっと神様は見てくれている」なんて幸運は、そんなに頻繁にない。神様だって忙しいのだ。アピールプレイは必須。王子様に見つけてもらうために、ガラスの靴をわざと忘れていくテクニックは身に付けた方が良い。

16 仲間を選ぶ

私はリクルートに入社した1年目、とんでもない失敗をした。失敗というよりも、自分自身が情けなくなるような行いをしたため、この仕事を続けたくない、もう会社に行きたくないと思ってしまったのだ。担当取締役もかなり心配してくれたそうで、「樫野は、ひょっとすると立ち直れないかもしれないな」と思っていたそうだ。

私は体調不良ということで会社を休んでいたが、先輩からの呼び出し電話があり、退職するか続けるか決心できないまま出社した。辞めるにしても挨拶はしておかないといけないし、今の気持ちを吐露すれば自分の頭が整理できるかもしれないと思ったのだ。

会社に着き、自分のデスクに向かうと机の上に、「樫野、頑張れよ」のメモが置いてある。「ありがたいな」という気持ちで、何か返事を書こうとして引き出しを開け、ペンを取ろうとすると、引き出しから「樫野、負けるなよ」のメモ。まさか?と思い、他の引き出しを開けると全ての引き出しから、いろんなメッセージが飛び出してくる。荷物置き場からも、ファイルからも、ありとあらゆる所から、私を励ます言葉が目に飛び込んできた。

そして極め付けは、他部署からの電話に出た時。受話器を取ると、「オマエはプロやろ」という貼り紙。新人研修で私自身がスローガンとして決めた言葉が、そこに貼られてある。

泣けた。そして笑えた。

こんな仲間のもとを離れたくないと心の底から思った。最高の職場、最高の仲間を自ら手放すバカはいない。

私は「働く」ということは、仕事選びである以上に「仲間選び」だと思っている。極端な話、嫌いなヤツに囲まれて好きな仕事をするより、好きなヤツとツライ仕事をした方が楽しいからだ。好きなヤツに囲まれて過ごす時間は早く過ぎるし、ツライことやしんどいことも何とか乗り越えていける気がするのだ。

何より残業も嫌じゃない。もっと一緒にいたいし、会社に行くことは好きな仲間に会いに行くのだから「サザエさん症候群」になるわけがない。

だから、就職や転職の時、気の合いそうな仲間がいるかどうかは最重要。新卒採用で、「将来性」や「事業内容」「企業理念」などより「会社の雰囲気」を重要視する学生がいるが、私は大賛成。企業は人で成り立っている。あなたが良さそうと思った会社はあなたとの相性がきっと良い。もう一歩突っ込んで、雰囲気だけではなく、個々人と話をして「この人の下で働きたい」「この人なら何でも本音で話せそう」と感じるかどうかが企業選びでは一番大切だと思う。

私は、アイ・エム・ジェイの新卒採用の説明会でいつもこんなふうに語っていた。「一緒に働くうえで、人と人の相性はとても大事だと思っている。相性なので誰とでも合うとは限らないけど、今日の私たちの話を聞いてもらって、『なんとなく合いそう』『ピンとくる感じがした』と思った人は、きっと私たちと相性が良く、一緒に働いて楽しいビジネスができると思う。今、感じた想いを大事にしてほしいし、そういう人はぜひ面接を受けに来てほしい。そんな人を待っています」

こういう採用をしていたから、アイ・エム・ジェイはファミリーのようだった。辞めて何度も出戻ったりする社員がいるほど、とても仲が良く、大好きなメンバーが集まった特別なチームだったと今でも思う。

あなたが、そんな素敵な仲間に出会えることを祈っている。

そして、もうひとつ重要なこと。

社外の人脈も大切だが、仲間でありチームである社内の人脈はそれ以上に大切なものになる。

実際、私が経営していたアイ・エム・ジェイはＩＴベンチャーだが、元々ＩＴ系に人脈が豊富にあったわけではなかった。ところが社長に就任して業界内を見渡すと、リクルート出身のＩＴ経営者が山ほどいることに気がついた。やはり元同僚は、共通の話題も多く、仕事に対する価値観も近い。仲良くなり、信用関係を築くまでの時間が圧倒的に早くなるのだ。つまり営業するにしても、提携するにしても、コミュニケーションコストが少なくてすむ。さらに、中途採用する時にも人柄があらかじめわかっていて、その仕事ぶりや能力がわかっているとハズレる確率が低い。

これについてはリクルートが特別だったというのは確かにある。あんなに若いうちに多くの社員が独立していく企業は、かつては少なかったのは事実。

しかし、今は大転職時代。私がリクルート退職後に見た景色は、あなたが転職や独立する時にも同じように見られるだろう。

今、あなたの隣に座っている同僚は、ひょっとすると何年か先にあなたの顧客になっているかもしれないし、あなたをもっと良い職場に引き抜いてくれるかもしれない。

「袖振り合うも多生の縁」。

道を行くとき、見知らぬ人と袖が触れ合う程度のことも前世からの因縁によるという意味。どんな小さなこと、ちょっとした人との交渉も偶然に起こるのではなく、全て深い宿縁によって起こるのだ。何かの縁であなたと同じ職場にいる同僚は、あなたにとってかけがえのない存在かもしれないと思って大切にした方が良い。

17 女性が活躍できる職場はどこにあるのか？

「女性が活躍できる社会をつくる講演会」で、講師をさせてもらったことがある。

1986年の男女雇用機会均等法の施行から何度も改正を重ねているが、いまだに女性の能力を発揮させていない企業は、ハッキリ言って将来性がない。

私がいたリクルートは、職場の半数は女性だったし、上司が女性の時も、社長が女性の時もあった。女性ならではの感性やきめ細やかさで仕事をする女性もいれば、キップの良い男前な女性もいた。

もちろん、そもそも人として男女の違いはあるし、大きな傾向や特徴、強みは違う。

が、個別で見ると、男性以上に体力がある女性もいるし、一般的に女性が弱いとされる空間立体的な思考についても男性以上に「地図の読める女性」はいる。それに、女性がターゲットの商品なら、オッサンが固い頭で商品開発や営業戦略を練るより、よほど女性の気持ちに刺さる戦略が立てられるはず。感性に関しては男性より女性の方が優れていることが多いのを素直に認め、自分の居場所確保に必死にならずに、適材適所で人材活用すべきだ。

そういう個体を見ずに総体でしか判断せず、女性の能力を活かしきれず、「だから女性は……」と言っている経営者の下で働いても仕方ない。そういう会社は、そもそも組織風土的に将来危ういので、サッサと職場を変えた方が幸せに近づくと思う。

その際に重要なのはファクトだ。

「これからは今まで以上に女性を登用して……」と、経営者も上司も簡単にビジョンや構想を語るが、現実に何人の女性管理職がいて、育休を何日取っていて、何人が復職して、何人が1000万円プレイヤーで……という事実を直視すること。

政治の世界も、いつまでたっても男性の、しかも高年齢が多数を占める人員構成のまま。国会や地方議会の選挙で男女の候補者数をできる限り均等にするよう政党や政治団体に求める法律「候補者男女均等法」が2018年に施行されたが、それを本気で実行している政党はほとんどない。

長いようで、短い人生。

特にビジネスをする期間は限られる。事実をしっかり見て、自分をきちんと公平公正に評価してくれる環境を選ぶのが仕事を楽しむ方程式……いや肝だと思う。

18 社長を選ぶ

何よりあなたの命運を握っているのは、あなたの大切な時間を捧げる会社の社長だ。

船長がダメならその船はどこに向かって行くかわからないし、快適な船旅はできない。下手をすると沈没するリスクもある。

今乗っている船が大型客船だから安心だなんて判断をするのではなく、その船長に無事に長旅をする力量があるかどうかが重要なのだ。よくある失敗は、前任の船長が優秀、引き継いだ船長はボンクラ。だけど、前船長が残した遺産で今のところ外見的には問題ない。こういう船が一番危ない。

「そりゃ、言っていることはわかるけど、直接社長と話す機会なんてないし、社長の力量なんて今の自分にはわかりっこないですよ」

確かにそうだ。全てをわかることは無理。でもある程度、推測することはできるはず。これまでの社長のインタビュー映像や取材記事、ＳＮＳなどへの投稿や社員への接し方で、その人格や能力は推し量れる。少なくともあなたが好きなタイプか嫌いなタイプかは肌で感じるだろう。

人は言葉の端々に人柄が出るし、裏表のある無しや、部下にきつく当たるとか、言い方に愛情がないとか、指示が不明確、言語が不明瞭、部長からの評判が悪いなど、必ずエビデンスはあるものだ。社長の過去の実績数字は抜群だけど、その時の部下は疲弊していくとか、その部署を去った後にいつもトラブルが起きるなど、証拠は現場に必ずある。それをしっかり見極めて、ダメな社長だと思ったら一刻も早く撤退した方が良い。

19 転職活動は「辞めたくない時に」始める

15項で、偶然配属された部署の上司と相性が悪い場合や、その上司がモチベーションキラーな場合は、他部署にいる「自分を伸ばしてくれる上司」を探して、勝手に上司認定し、可愛がってもらうことをオススメした。

が、どうしても良い上司が見つからないという不遇な人もいるだろう。

「そんなことを言うヤツは、その人自身に問題があり、組織の中には良い上司は必ずいる」という声も聞こえてきそうだが、例えば女性登用についてはどうだろう。

女性の能力の高さは多くの職場で証明されていると思うが、いまだに「女性はマネジメントが下手」とか「出産などで職場に穴を空ける」などレッテルを貼って、男社会を続けている企業も多い。

全て経営者の考え次第だと私は思うが、そんな頭の古い企業は早晩業績も悪くなるので、早めに退散した方が良い。過去の成功体験に固執して、新しい社会に対応できていないばかりか、現実に起きている変化を軽視しすぎている。

コロナ禍においても同様で、デジタル化に及び腰な企業は「リアルビジネスは無くならない」「ビジネスの本質はオンラインでは無理」とか、できない理由ややらない理由を並べている時点で将来は暗い。

執念あるものは可能性を論じ、執念なきものは可能性を論じず、問題点を論ずるのだ。

もちろんリアルは無くならないが、デジタルシェアが増えていくのも間違いない。経営者なら真っ先にそれを取り込んでいくセンスが無いとダメだろう。女性活躍も同様、真っ先に女性の能力を活かす取り組みをしない企業はおさらばした方が良い。

しかし、ここからが大切。

転職活動は会社がイヤなときに始めてはダメ。それは、自分を一番安値で身売りするようなものだ。

私はリクルート時代も人事採用の仕事をしていたし、アイ・エム・ジェイを経営している時も採用には一番力を入れていたので、かなりの数の人を面接してきた。転職希望者の多くが失敗しているのは「会社を辞めたくなってから転職活動をする」こと。

よく考えてみてほしい。今の会社に不満があるから辞めたいわけだ。

あなたが辞めたいと思っている場合、おそらく会社も長くいてほしいと思っているケースは少ない。面接でも今の会社の悪口が多くなる。つまりネガティブな空気を出して面接に臨んでいるのだ。さらに、辞める時期まで決定していると、早く次の仕事を決めたいという気持ちが裏目に出て、自分を安売りしてしまうことが多い。

これでは「逆わらしべ長者」の転職になってしまう。

20 働く都市を選ぶ

転職活動をするのは自分が絶好調の時、まだまだ今の仕事をやりたいと思っている時、辞めると言ったら上司が必ず止めてくれる状況にある時だ。そういう時こそ他の会社の話を聞いてみると、自分の価値がよく見えてくる。足りない部分に気づくかもしれない。

プロ野球でいうと、戦力外通告を受けてから他球団を受けにいくのではなく、ノリに乗っている時にフリーエージェント宣言をし、他球団の関心度合いを確認するのだ。

もちろん、話を聞いたうえで、今の職場に残っても構わない。大事なのは良い状態の時こそ、転職の網を広げておくということである。

私が面接官なら、そんな人ほど「欲しくなる」。なんとかしてこちらを振り向かせようと思う。人材採用もどこか恋愛と似ているのだ。

コロナ禍でデジタル化が進み、密を避け、リモートワークが推進されたので、どこにいても働けるから東京に集まる必要はない。本当にそうだろうか？

私はそう思わない。

例えば、優秀かつ自分と同じような志向で気の合う人の出現率が地方都市も東京も同じ10％とした場合、人口50万人の都市には5万人出現し、東京23区の人口約９６８万人には約96万人存在する。その絶対数の差は約19倍。そうした同種の人材が、ファッションに敏感な人なら銀座や原宿、表参道に自然に集まっている。金融・証券マンなら日本橋・兜町に多く生息し、ＩＴ人材ならビットバレーと呼ばれた渋谷やヒルズ族と言われた六本木に集まっていた。日本を代表する大企業群は丸の内界隈に本社を構えていることが多いなど、圧倒的な人数が特定エリアに集中して集まっているのだ。そこで飛び交う情報の量や質は残念ながら地方都市にはない。「そんなの今の時代、メールやＳＮＳ、オンライン会議で充分カバーできますよ」という声も聞こえてきそうだが、果たしてそうだろうか？実はコロナ禍のリモートワークやオンライン会議を経験し、私たちは気づいている。既に人間関係が構築できている状態であれば、リモートワークやオンライン会議で何の弊害もないが、「はじめまして」の場合はリアル対面に比べて人間関係を作り難かったり、ガチな議論に向いていなかったりすると肌で感じたはずだ。

この現象は、大学進学で初めて東京に下宿した大学生がオンライン授業ばかりで本当の友達ができずに悩んでいたり、就職で東京配属になったものの、オンライン研修だけでは同期とのつながりが希薄だったり、新人研修の成果がどれだけ身に付いているか不安だという声になって現れている。

レベルが揃った人材が集積する都市での生活や仕事は、その言語、スピード、文化、空気感、感度が全く違う。だから、そこにいるだけで成長速度に違いが出てくるのである。

業界や企業ごとの意思決定のスピードにも差がある。保守本流の大企業が60㎞／ｈの制限速度を守って道路を走っているのに比べ、私がいた頃のリクルートは80㎞／ｈで走行していたが、ネット業界は感覚的には１００㎞／ｈは出ていた。ネット黎明期は無秩序すぎて１５０㎞／ｈ以上で飛ばし、法に引っかかる企業もかなりいたのはご存知の通り。

これが地方都市になると、スピードはかなり減速し、40㎞／ｈで地道を平和に走っていることが多い。この40㎞／ｈに若いうちに慣れてしまうと、スピードを上げることが難しくなる。運転免許初心者マークの人が高速道路でびびってしまうようなものだ。

つまり、人脈やブレインを構築する時期は、自分に刺激と情報を与えてくれる人材が多く生息している都市で生活し、その空気をいっぱい吸い込むべきなのだ。その後、一定程度の人脈が構築できたなら、どこに住んでも遜色なくなるのは事実。

私の場合は、ビジネスマンを神戸支社でスタートし、京都、大阪勤務の後、東京本社に転勤した。その後、福岡ドーム（現・福岡ＰａｙＰａｙドーム）の仕事で東京と福岡を行ったり来たりしていたが、世界の中心から日本を見たい、ビジネスの世界標準の感覚を肌で感じたいと思い、ニューヨークに赴任させてもらったのが33歳の時だった。

現在、私は地方都市の神戸に住んでいるが、デジタル化が進んだおかげで仕事の依頼は日本全国からやってくるし、情報収集はいつでも世界の友人知人に助けてもらっている。今では、東京のような自然が遠くて少なく、物価が高い、空気も悪いところには住みたくない。こうした考えも、ある程度「人との強いつながり」という財産を若いうちに構築できたからこそ言えるご褒美だと思っている。

さて、こんなふうに書くと東京一極集中に加担し、地方の人口減少を加速させるじゃないかとお叱りを受けそうだが、私の考えは実はそれとも違う。

今、世界のエリートが一番入りたい大学と言われているサンフランシスコに拠点を置くミネルバ大学。その合格率はわずか1.2％（２０２０年度）で、ハーバード大学やスタンフォード大学、ケンブリッジ大学などの名門大学の合格を辞退して進学する学生がいるほど注目されている。

このミネルバ大学は、すべての授業をオンラインで行う一方、学生たちは4年間で7つの国際都市を巡回し、滞在地で現地の企業、行政機関、ＮＰＯ等との協同プロジェクトやインターンを経験しながら現地の人たちと同じ生活を営んでいる。世界中から集まり、同じ寮に住む学生たちは共同生活を通じて、濃密なコミュニティを築き、実社会と学校のシームレスなつながりをグローバル規模で実現している。この7つの都市に選ばれたのは、サンフランシスコ、ソウル、ハイデラバード、ベルリン、ブエノスアイレス、ロンドン、台北。そう日本は拠点として入らなかったのだ。この選ばれなかった理由はいくつかあるが、最も深刻なのは「日本は才能ある人材を積極的に活用する意識が低い国」と見られている点。不透明な能力主義や多様性の欠如、女性蔑視の風潮、英語でのコミュニケーション能力の低さなど、東京ですらかつての魅力ある都市ではなくなりつつある。どうせ地方を出るなら、東京ではなくこうした世界で注目されている都市に出て行って武者修行した方が良いと思う。そこで、これから世界を動かすかもしれない人々と友情を育み、つながり、ともに仕事に励んでから、日本の地方都市に戻って来ればあなたの価値はキラ星の如く高くなる。

ソフトバンクの孫さんは「タイムマシン経営」と謳い、アメリカのシリコンバレーのイノベーションを日本に持ち帰り、事業を拡大させていった。平成時代のビジネスマンは、海外でＭＢＡを取得し活躍する人材も増えてきたが、まだまだ東京で学んだことを地方に持ち帰り価値を発揮するケースが多かった。が、令和は間違いなく、世界で学んだことを日本に、しかも直接地方都市に持ち込み、活躍する人材が増えていくだろう。その世界で学ぶ国もミネルバ大学が選んだ都市のようにアメリカ以外に広がる可能性が大いにある。

私が2年前にタイやマレーシアで会った26歳の日本人青年社長は、特別偏差値が高いわけでもない高校を卒業し、地方大学に入学。卒業後、一度は日本の企業に就職するものの、このままでは周囲と自分を差別化できないと判断し、海外に居を移し起業。今では複数事業を手がける立派な経営者になっている。彼が発する言葉の力強さは、見知らぬ土地で奮闘してきた証であり、その決断力、行動力に圧倒的な人材価値を感じたものである。

年齢を重ねていくと、残念ながら早く走ろうとしても走れなくなるし、しっちゃかめっちゃかの渦の中に飛び込む気力が失せていく傾向が強いので、なるべく年齢が若いうちに、カオスの中で成長する空気を思う存分吸ってほしいと思う。

21 ヘッドハンティング、そして社長になってみると……

アイ・エム・ジェイの社長としてヘッドハンティングされた最初のきっかけは、ＩＴコンソーシアムを構想していたスパイラルスター・グループの人事担当の磯部さんからのお誘いだ。磯部さんとは私がリクルートのキャンパスマガジン編集長時代に時々情報交換をする間柄。私が26～27歳の時だった。

その10年後、磯部さんから突然電話がかかってきて、「樫野さんに会わせたい人がいる」ということで紹介されたのが、アイ・エム・ジェイ創業社長の藤本真佐さん。私が37歳の時だ。その場で藤本社長にヘッドハンティングされ、アイ・エム・ジェイに転職することになる。

なぜ、磯部さんは10年のブランクがありながら、私を誘ったのか？

彼が言うには「樫野さんが紹介してくれたリクルートの後輩とよく遊んでいたので、樫野さんと直接会ってはいなかったのですが、樫野さんのことはよく聞いていたんですよ。だから何か良いチャンスができたら、一緒に仕事をしたいと思っていたんです」

つまり、私の後輩が彼との縁をつないでいてくれたのだ。

これは、先輩に教えてもらった「人脈メンテナンス」の方程式が功を奏した。良い人脈は自分ひとりで囲い込まずに、どんどん自分が好きな人に紹介する。紹介した人同士が自分抜きでも友達になれば、紹介した本人がご無沙汰していても、その友達を介していつでもつながることができる。迂回路ができることによって、大切な人脈を全部自分1人で維持管理せずに済むから、どれだけ人脈が拡がってもいい。この迂回路がクモの巣状になるのが強固な人的ネットワークなんだよと。

その教えを実践していたことが、37歳の私に経営者という大きなチャンスをもたらしてくれたのだ。

さて、実際に社長になってみて景色はどう変わったか？

サラリーマン時代は社長を「雲の上の人」として見ているだけだったが、ベンチャー企業の社長は雲の上にはいない。同じ地上に立って一緒に汗をかいている。私もサラリーマンの時は、上司の愚痴や仕事の憂さを居酒屋で飲んで笑って同僚と語り尽くしたこともあったけど、社長は愚痴を言う相手がいない。怒りにまかせて社員を叱り飛ばしたり、責任を取らせたりしたら自分の評価を下げるだけ。そのうち社員の気持ちは離れていく。天に向かって唾を吐いても自分が痛いだけ。社長は社員の気持ちが離れるのが一番怖いし、辛いのだ。

会社が大きくなってからは、グループ全体で毎月6億円の給料と6000万円の家賃を支払うようになり、従業員の家族を含めると約3000人の生活の責任を負っていると考えると、この船を沈没させることはできないという怖さを感じるようになった。だが、大きくなった船を自分ひとりで動かすことなど到底無理。現場で実務を担ってくれている従業員がいるからこそ、会社は成立していると痛感する。少なくとも社長としての私には、「ゲームのように指揮命令系統をハッキリして、コマのように社員を動かす」なんて考えは微塵もなく、芸能プロダクションのマネジャーのように「いかにタレントが気持ち良く、その才能を発揮してくれるか?」という思いで経営をしていた。そして、従業員の活躍が顧客や社会に認められ、船がどんどん大きくなり、前に進んでいることを実感するのはこれ以上ない喜びだった。

この恐怖と醍醐味は、社長ならではのやりがいだと思うし、チャンスがあれば一度やってみるべきだと思う。が、仮にそのチャンスがなかったとしても、船を実際に動かしているのはメンバーであるあなただ。社会に価値を提供し、顧客の喜ぶ顔を間近で見る喜びは、コックピットにいる社長より数倍感動する。なんてったって、主役は現場を切り盛りしているあなたなのだから。

第4章

アイテムを整える

22 秀でる一芸を決める

社内に留まるにしても、転職するにしても、それなりの武器を身に付けていかないと活躍できないし、周囲の評価も上がってこない。

役に立つアイテムやポイントの高いアイテムを入手してゲームを有利に進めるのと同じことだ。ここからは、人に褒められたり、認められたりして、自分の存在意義を発揮するための方法について考えていきたい。

まず、最初にすることは、「秀でる一芸を決める」ことだ。

「一芸に秀でる」「芸は身を助ける」というように、何の分野でも良いので周りの誰かより秀でる分野を持つ、その分野を決めるのだ。

その時に重要なのは、最初から競争率の高いところに乗り込まないこと。

例えば、国内スポーツなら、ゴルフ約890万人、バドミントン約756万人、卓球約766万人、サッカー約814万人、野球約814万人みたいなところに参入せず、競技人口が少ないスポーツをやってみる。ホッケー約3万人、ラクロス１万８０００人とか、オリンピック種目でもあるアーチェリー５０００人や女子ラグビー２８００人など。「馬術」「ランニング」「フェンシング」「水泳」「射撃」の５種目を１人で行う近代五種の日本競技人口は33人らしい。（総務省　社会生活基本調査より）

外国語なら英語は競争率が高いので、ヒンディー語やベトナム語、インドネシア語などを話せると、俄然エッジが効いてくる。読書をするにしてもデザイン関係の本を読みまくるとか、「映画が趣味」で終わらずに、フランス映画は５００本観たとか、歴史も「世界史」のように広い範囲ではなく「アラブの歴史」にものすごく詳しいとか。Ｊ－ＰＯＰやＫ－ＰＯＰも良いが、歌舞伎やお茶・お花に造詣が深かったり、幕下力士の少額タニマチをしていたりすると、外国人とのミーティングで主役になれる。

デジタルトランスフォーメーション（ＤＸ）が国を挙げて進められていく中、デジタル全般ではプロに程遠くても、ＴｉｋＴｏｋにむちゃくちゃ詳しいとか、ウーバーイーツやエアビーアンドビーなどシェアリングサービスの達人とか、インターネット通販の「せどり」で月５万円の小遣いを稼いでいるなんて言えば、昭和世代は一目置いてくれるかもしれない。

とにかく分野を狭めて、その分野で少し目立つ存在になるのが肝なのだ。

次にやることは「手を挙げること」「旗を立てること」。

「私、この分野が好きです」「かなり勉強しています」「情報集めています」と、周りの人に注力分野を知ってもらうのだ。

そうすると、その分野の仕事の相談や情報が自然と集まりやすくなる。集まった情報がまた自分を大きくしてくれる、その分野に関心がある人々とつながっていくという自然な情報循環のシステムを作ることができるのだ。

ここまで行けばあとは時間の問題。早晩、あなたは「決めた分野」で100人に1人の人材に近づいていくはず。

こうして、自分が光を放てる一芸を意図的に作り出すのが初めの第一歩なのだ。

23 情報が集まる仕組みとは？

先を読む力を磨くには情報力は必須。しかし情報を自ら取りに行っているうちは、まだまだ情報の量も質も足りない。情報力の達人は情報が集まる仕組みを作っている。

わかりやすい例で言うと、有名な経営者のところには毎日のように新しい情報が押し寄せている。新しい人材やテクノロジーが向こうから会いに来てくれるし、社内からも業務報告が勝手にやってくるようになっている。その数多い情報を読み込み、取捨選択し、次の一手を考えていけば良いわけだ。

つまり、ポジションや権威、知名度は情報を集める仕組みとして大きな力を持っているのである。

では、そうした権威やポジションを現在持っていない人はどうすれば良いのか？

まず、前項で紹介したように手を挙げること。「私は、この分野のプロになります」と宣言する。そして、その分野を研究しながらその知見を発信していく。

発信の方法は、ＳＮＳでもメルマガでも充分。何人かが集まった飲み会で積極的に知見を披露していくのも良いし、勉強会を主催し事務局をやるのも良い。事務局をするのは面倒だが、一番情報は手に入るし、人脈も定着する。誰かが主催する勉強会に参加して一生懸命名刺を配るより、費用対効果も時間対効果も高い。

自らの情報発信は完璧でなくてもＯＫ。自分より詳しい人からの意見や批判、質問に対して常に腰を低くして対応し、教えを乞えば、更に専門度が上がっていく。

また、周囲に宣言しておくと、「アイツ、あの仕事に興味があると言っていたなぁ」とか、「やりたいって言っていたから、やらせてみるか」とチャンスが舞い込んでくることもある。

これを繰り返していくと、自分を取り巻く「情報の善循環」が起こり、どんどん情報（相談）が増え、情報が情報を呼ぶ「情報雪だるま」ができてくる。

情報を追っかけているうちは、ひとつのボールに群がる子供のサッカーみたいなもの。ボールを持っているプレイヤーが、あなたにパスを出したいと思う「価値」を「感じさせる」ことが重要なのだ。そうなれば、あなたには「情報が集まる仕組み」が備わったと感じるようになると思う。

まずは、勇気を持って、自ら情報発信を！

24 コロナ禍でも許される「密」とは？

人の時間は、みんな平等に1日24時間しかない。

情報収集も取りに行くより、集まる仕組みを作った方が効率的だと前述したが、人脈作りについても効率的な方法がある。

異業種交流会に出席し、名刺を一生懸命配っても、数日経つと顔と名前が一致しない、どんな人柄だったか、何が特徴か思い出せないなんて経験が誰にでもあるのではないだろうか。

私の頭の中のサラリーマン像を根底から変えてくれた福岡ドーム時代の上司・東正任さんは、その方程式を見事に実践していた。

例えば、中洲の屋台。

我々は月に1度しか行かない出張客。東さんは、座るなり、屋台に貼ってある料理メニューを指差して、「左から右まで1品ずつ全部」とオーダー。「そんなに食べられるの?」と驚く店主を尻目に、全て平らげる。もちろん横に座っている私に、「樫野、若いんだから、これも食えよ」と嬉しいような、トバッチリのような緩い指示を受け援護射撃。翌日、私はせっかく博多に来たのだから「もつ鍋」とか「寿司」とか違うものを食べに行きたいのだが、東さんに連れて行かれるのは同じ屋台。

これが3日続く。3日目には、「あ、東さん!」と屋台店主は明確に脳裏に刻み、年に1度の訪問でも忘れられることはなかった。

その後、料理のサービスが増えたり、わがままを聞いてもらえたりするようになったのはもちろんのこと、福岡ドームで企画するイベントの街角モニター的なヒアリング場所としても店主自ら協力してくれるようになる。

月に1度の訪問を1年間続けるよりも、濃い1日を3日続ける方が効果的。コロナ禍では、３つの「密」（密閉、密接、密集）は避けなければならないが、人脈作り・濃いリレーション作りには、「短期間の密な連絡」が一番効果的なのである。

25 会食とゴルフ、どちらがオススメ？

顧客と仲良くなるために食事に誘うことはよくあるが、ゴルフとの効能の違いを考えたことがあるだろうか？

ゴルフの最大の利点は「相手の失敗を見ることができ、自分の失敗も見せることができる」こと。つまり「仕事の知人」から「遊び仲間の友人」の入り口に立てる。また、雨天などの万が一のために携帯電話の番号を自然に聞ける。当日は用が無くても一度かけてみると、何かの時に電話がしやすい関係ができる。ゴルフ後に風呂に一緒に入るのも効果抜群。裸の付き合いとはよく言ったものだ。なので、サウナや温泉旅行が一緒にできるなら距離は一気に縮まるだろう。私の肌感覚では、ゴルフは会食を5回くらいする効果があるように思う。

私のメディアファクトリー時代の上司は、週に2日ほど東京芝公園のゴルフ練習場に行き、練習しているおじいさんに直近ラウンドのスコアを聞いてから、サウナに入る。サウナでは、隣に座るおじいさんと一緒に汗をかきながら株や不動産、世界情勢、国内政治の話をしていた。サラリーマンが昼間からこんな風に遊んでいて良いのかと不思議に思ったものだが、あとで尋ねると汗まみれのおじいさんは東証一部上場の超有名企業の会長。リアルで最先端の情報入手をしていたのだ。

私はこの方程式を応用して、顧客が野球好きだとわかると練習試合を申し込んだり、プロ野球観戦に誘ったりしていた。

あなたが何かの分野でそれなりの腕前であれば（一芸に秀でる何かを持っていれば）、『釣りバカ日誌』（やまさき十三・作、北見けんいち・画、小学館）のハマちゃんのような存在になるかもしれない。もちろん聞かれてもいないのに余計なレクチャーをすると逆効果だが、「この人」という人とは、ここぞという場面で「一緒に遊ぶ経験を作る」のが、とてもコスパの良い方程式なのだ。

26 裏情報をつかみ、地雷は踏まない

上司は昔から社内情報通に弱い。そんな部下を重宝する傾向がある。

本当は、そんなことに気を取られないで仕事に打ち込むのが本質だが、組織は人で作られている。多くの問題は、人と人の「間」に発生し、感情面を揺さぶるから上手くいかないことが出てくる。だから、虎の尾を踏んではいけないし、社内の人間関係を掴んでおくのはビジネスマンとして必須のスキルとも言えるだろう。

昭和の時代なら、給湯室での女性同士の会話、男性ならタバコ部屋。そこに、とても貴重な情報が行き交っていた。

ＮＨＫドラマ『一億円のさようなら』では、主人公が、取引先医師の不倫相手を奪い取って結婚したことで、プロジェクトから外され、会社まで辞めさせられる。自分の気持ちに素直に従い、正義感で行動したのに、嫉妬と恨みを買って仕返しされるなんてことは、この世の中よくあることだ。

避けて通るべき地雷は避ける。踏む時は信管を外してから踏む。

こうしたゴシップや社内噂話だけではなく、仕事関連の良い話、耳の痛い話、顧客の内部事情など、現場で起きている情報を持っていることは、あなた自身を守る武器になる。

そして、その情報を持っているキーマンは誰か？

ポジションとしてわかりやすいのは社長秘書。だから社長秘書はよく飲みに誘われ、チヤホヤされる。それをクールに裁いて現場の情報を逆に仕入れるクレバーな秘書と、「私、モテてる？」「俺って、イケてる？」と勘違いする秘書とではパフォーマンスに雲泥の差が出るだろう。

他に、テレビ朝日のドラマ『黒革の手帖』のような銀座のママなんて場合もあるし、シニア経営者のＩＴの先生という場合もある。事実、蔦屋書店の増田宗昭社長が楽天を創業して間もない三木谷浩史さんを「個人的にパソコンの先生もやってもらっている」と私に紹介してくれたことがある。

私自身もピンチの時に影のキーマンに助けてもらったことが何度もある。だから自分ができることは、できる限りやっておく。助けられてから恩返しするのではなく、先に恩送りをしておくのが良いのだ。

もうひとつ気をつけないといけないのは、ネガティブキーマン。

自分の欲のために、誰かを勝手に敵視し、悪い情報を流布する人がたまにいる。私も一度、ターゲットにされたことがある。相手にするのもオトナ気ないと、スルーし、普通に接していたが、事態は改善するどころか、悪くなるばかり。たぶん、その時、「どちらが正しい」「どちらを取るか」と上司に選択を迫っていれば、私は負けていただろう。それくらい包囲網が敷かれていたような気がする。あの時、イキがって勝負しなくて良かった。「逃げるは恥だが、役に立つ」も芯を食った考え方だ。

だから、なるべく、ネガティブキーマンには近寄らない。万が一揉めたら、もっと居心地の良い場所に避難するのが無難。視野を広げれば、住み良い場所はいくらでもある。

あなたの職場で地雷が埋まっている場所、どこか把握していますか？スリルを味わうのはゲームだけにしておいて、仕事では安心して働ける安全地帯に身を置くのが一番である。

27 上司の説得の仕方「虎の威を借る狐」は悪いことではない

あなたの能力を買ってくれて、話もよく聞いてくれるし、フラットに良い意見は取り入れる……そんな素晴らしい上司ばかりとは限らない。

手柄を横取りするのもいただけないが、よく理解できないからダメ出しをする上司の場合は最悪である。これからＤＸが進んでいく中で、「そんなデジタルなんてシニアは使えないだろう」「まだ地方では早過ぎる」「ワシの世代はデジタル無しでも逃げ切れる」なんてことを言っている上司はヤバい。

叩き上げの上司や社長ほど、現場経験もしっかり積んできて、「自分の方が部下より全てにおいて仕事ができる」と思い込んでいるので、部下からの提案が通りにくい。

こういう場合は、権威の力を借りるしかない。

頑固な社長を説得するために経営企画室がよくやるのが外部のコンサルタントを使う方法。経営企画室が日頃言ってもダメ出ししていたのに、同じことをコンサルタントが提案すると目から鱗が落ちたように絶賛する社長もいる。

とはいえ、個人がコンサルタントを雇うわけにもいかないので、その上司に影響力を持っている「権威」を探して、説得材料にするのだ。

「○○さんの著書では……」

「○○さんがテレビで話していましたが……」

「○○さんがフェイスブックで書いているように……」

特に、SNS時代は、運良く有名人ともつながることができるし、質問に答えてくれることもある。こういうツールを使わない手はない。

さらに、ビジネス畑をずっと歩んできた人は、畑の違う文化人の意見をむげにできない場合も多い。デザイナー、コピーライター、カメラマン、歌手、役者、作家など何人か友達を作っておくと、意外と上司の説得に役立つことがある。

「虎の威を借る狐」は悪いことではない。仕事を上手く進めるために、使える虎を何匹用意できるかは、仕事を思った通りに進めるうえで重要なアイテムなのだ。

28 お付きの人を狙え！

社外人脈の構築はビジネスをしていく上でとても重要なのは言うまでもないが、作り方と質についてあらためて考えてみたい。

私も若い頃、「人脈作り」のために異業種交流会に出席し、有名人の講演を聞き、終了後は名刺交換の列に並んだ。ようやく順番が回ってきたら覚えてもらえるようにエピソードを一所懸命話す。所要時間わずか2分。それ以上話そうとすると後ろに並んでいる人から無言の「早く代われ！」という圧を受ける。講師は受け取った名刺を束にして秘書に渡して、次の人との談笑が続く。

はたして、その講師はもらった名刺の人を何人覚えていて、何人とその後も付き合いが続くのだろうか？

ところ変わって、上司の会食に同席。先方2名、当方2名の会食。

上司とお客様の話は勉強になるのだが、ウンウンとうなづいているだけではただの付き人。私も少しは存在感を示して、そのお客様に覚えてもらいたい気持ちが首をもたげてくる。が、お客様は私のことなど眼中にない。下手に割って入ると上司に睨まれるだけ。

さて、私は何をするべきなのだろうか？

最初の異業種交流会なら私は秘書と仲良くする。

秘書の名刺をもらい、講師が行列の誰かと話している時に秘書と雑談を繰り返す。後日、その講師に直接電話しても出てくれない可能性が高いし、連絡するのも敷居が高い。だが、秘書なら連絡しやすいし、ある程度融通してくれるかもしれない。大物と人脈を作りたいなら、その側近を狙うのが手っ取り早いのだ。

もちろん、あなたが大物と対等な有名人であれば、直接コンタクトを取れば良いし、放っておいてもいつかは出会う時がくる。

ここで言いたいのは、まだ自分が何者でもない存在の時、いきなり大物狙いに行かないこと。名刺をもらっただけで喜ばないこと。正しいアクセスルートを見極めることだ。

次の会食の話は、実は私の経験談。

私は盛り上がる上司とお客様の会話の隙間を見て、お客様の付き人と別の話をして親交を深めた。当たり前の話だが、会食に誘われる私は上司にそこそこ可愛がられている。同様に、お客様の付き人もお客様の「一の子分」の可能性が高い。

この会食後、私は相手の付き人と別途食事のアポを取り、付き人同士の交流を深めたことで、私はお客様へのアクセス権を手に入れることができた。それだけでなく、その付き人はお客様の「一の子分」だけあって、その後ぐんぐん出世し、いつしかその会社を切り盛りする立場までのし上がって行った。私とは、若い時代ともに励まし合い、時に上司の愚痴を言い合う、社外の戦友のような間柄になったので、困った時に本音で頼める仲になった。

このポイントは、今光り輝いている人を追うだけでなく、未来に光り輝くかもしれない人とどれだけつながっておくかということ。

当然、みんながみんな将来光り輝くとは限らないから、幅広に数を増やさないといけない。出現率が一定なら、母数を増やせば良き人材に当たる可能性は高まるのは間違いない。また、良き人材の周囲には「類は友を呼ぶ」で、良き人材が多いことも事実。

ターゲットを間違わないこと、数をこなすこと。この2点は若い時は必須事項だと私は思う。

29 方程式を盗む

第3章で相性の良い上司や仲間を選んだ方が仕事はもっと楽しくなると書いたが、さらに良いことがある。その上司や仲間の「仕事の方程式」を学びやすいということだ。

誰しも「仕事を上手く進める方法論」がある。過去の経験で学んだものもあれば、その人の師匠から伝授されたものもあるだろう。社内留学制度を使って国内海外のMBAで勉強したものもあれば、極めた趣味の真髄を仕事に応用している場合もある。

算数に例えると、鶴亀算、加減乗除、連立方程式など、様々な方程式を学ぶ。人の数だけ仕事の方程式は存在するし、それを食わず嫌いせずに全て盗むのが重要だ。仕事は社会環境、職場環境、自社の強みや競合の状況などによって局面や戦い方は違ってくる。あなたが持つ方程式の数が多ければ多いほど、「この局面では、あの方程式を使おう」「この状況なら、あの方程式は通用しないから、こっちの方程式とあの微分積分を利用してなんとか対応しよう」と打ち手が増えるのである。要は戦う引き出しを増やしておくということ。そして、この方程式は、あらゆる分野の仕事に適用可能で、陳腐化しにくい。大きな社会の変わり目にアップデートする必要があるくらいだ。

私の場合、リクルート社内に豊富な方程式を持つ先輩・後輩が数多くいたので、遠慮なく教えを乞い、またある時は勝手に盗み、自分の方程式を増やしていった。藤原和博さん（教育改革家）からは企画構成力を、香山哲さん（セガ社長などを歴任）からは情報雪だるまを、高宮浩之さん（城崎温泉観光協会会長）からイメージする力を、秋山進さん（特定非営利活動法人インディペンデント・コントラクター協会初代理事長）からは難しいことをわかりやすく表現する翻訳の仕方を、東正任さん（福岡ドームプロジェクトの上司）からは人の心に残るインパクトの出し方など、数え上げたらキリがない。

いずれ、私が学んだ（盗んだ）方程式をまとめて書籍にしたいと思っているので各論はそれまでお待ちいただくとして、とにかくマネて、パクって、自分のものにする、これに尽きる。

自分の直属の上司だけでなく、社内で活躍している先輩、ナナメの上司を自分の心の中で勝手に上司として任命し、近づいて、弟子入りさせてもらおう。

ここで会得した方程式はあなたにとって一生使えるアイテムにきっとなる。

30 チャーミングになろう

いろいろ書いたが、その全ての土台になるのは、あなたのチャーミングさだ。

「理屈は感情にしてやられる」と教えてくれたのは私の師匠の増田宗昭さん（蔦屋書店を経営するカルチュア・コンビニエンス・クラブ社長）だが、やはり誰でも人は好きな後輩に目をかけて教える。交渉でも「なんとなく好き」な相手とは話も弾むし、折り合い点も見つけやすい。あなたが好きなら先方も悪い印象は持っていないはず。

この根底にあるのは、チャーミングかどうかだ。営業も、マネジメントも、経営も、買収も、あなたがチャーミングであればあるほど上手くいく可能性は高い。キレッキレだが、いけすかないヤツは、どこかで落とし穴にハマるリスクが高く、隙あらば落とし入れようと狙っているライバルも多い。

一番頼りになるのは人の感情、一番怖いのも人の感情。面接の場面では「協調性」とか言われるが、単なる「仲良くできる力」ではなく、シンプルにいうと「みんなに好かれるかどうか」「可愛がってもらえるかどうか」だ。ＡＩだけの社会になれば、人のスペックだけで評価が決まるようになるかもしれないが、少なくとも人間が介在しているうちは、感情面の影響は大きい。

では、どうすれば可愛がってもらえるのか？チャーミングになれるのか？

まずは先手必勝、相手のことを好きになる。そのためには相手の良いところを見つけて口にすること。直接本人に言うのが恥ずかしい場合は、その周囲の人たちに「あそこが凄い」「尊敬できる」「あの技を盗みたい」と好きなことをほのめかす。言われる方も直接言われると「お世辞かな？」と2割引で受け取るが、「○○さんがこんなふうに言っていましたよ」と周りから又聞きする方が、信憑性があって実は嬉しい。

そして次は、適度に頼る、甘える、振り回す。天性で甘え上手な人も時々いるが、そうじゃない人は「よく分からないので教えてくれませんか?」「手伝ってもらえると、すごく心強いです」「たまには私の相手をしてくださいよ〜」のような言葉を意識して使ってみること。

最後は、誠意を持って礼を尽くす。お歳暮やお中元が必要なわけではない。あなたなりの感謝の気持ちを伝えることが重要だ。

もちろんチャーミングだけで世の中を渡っていくのは難しいが、かなりの武器になることを私は保証する。新しいチャンスをもたらしてくれるかもしれないし、困った時にもきっと誰かが手を差し伸べてくれる。

「チャーミング」「可愛げ」このキーワードをお忘れなきよう。

第5章
準備と行動を整える

31 目標をブレイクダウンする

できるビジネスマンなら既に実践していると思うが、あなたはどのように目標をブレイクダウンして行動に移しているだろうか。

例えば、扱っている商品を年間で100個販売したい場合。単純に割り算すると1年12カ月で割って、月に平均8~9個販売する必要がある。でも、冷静に考えると、調子の悪い月、体調を壊す月、不慮の事態が起こる月もあるだろう。アクシデントが全く無く、1年を平穏無事にコンスタントに過ごせる方が珍しいのではないだろうか。多くの場合、そうしたアクシデントのしわ寄せが年度末にやってきて、年度末に慌ただしく駆け込み、詰め込み労働をし、体調を壊したり、精神的に疲れたりする。運良くそれを乗り切っても、新年度のスタートダッシュは疲労困憊で出遅れる羽目になる。

そうした事態を防ぐためにも、目標の割り算を変える必要がある。右記の例なら10カ月で達成する計画にするわけだ。100個売りたいのだから、10カ月で割り算し、月10個のセールスを目標にする。トラブルなく10カ月で達成できたら、残りの2カ月はゆっくり休んでも良いし、来年の準備に取り掛かっても良い。でも、たいてい何かのアクシデントはあるから、この10カ月ペースでやっていって、ちょうど年度末に達成するくらいに落ち着くことが多いのだ。

実はこれ、仕事ではできていてもプライベートや私的な目標に活用できていない場合が多い。

何を隠そう、私自身も私的な目標に応用し始めたのは50歳を越えてからだ。

読書の冊数、映画を観る本数、運動をする日数、お酒を飲まない日数など、「ついつい」「今日だけ」「もっと大切な用事」など、ペースを遅らせる理由はいくらでも湧いてくる。「別に数字にこだわる必要はない」と、途中で目標達成を諦めることもあったし、「意地でも達成する」と数字にこだわり、せっかくの読書も斜め読み、本数消化のための映画が楽しめないなんてことも多々あった。

でも、ひとつ言えるのは、自分で決めた目標をやり切っていると必ず成果が出てくるということ。少しずつの差が何年も経つと大きな差になって現れてくるものだ。努力の方向を間違えると元も子もないが、方向さえ間違わなければ努力は期待を裏切らない。

こういうふうに、活動ペースを変えてから、私の年末にゆとりが生まれてきた。最近は、11月に1年の振り返りをして、新年当初に立てた目標の最終仕上げをする。比較的順調な年は、今年1年頑張った自分へのご褒美として、いつもより緩やかに過ごす。こんなにのんびりしていいのかなと思う時間を楽しむのだ。そして来年へ想いを馳せる。11月中に翌年の目標を立て、推敲を繰り返し、12月に入ると決めた目標を日々眺めて準備を始める。もう次の年が始まっているのである。

当たり前の話だが、準備がしっかりできていて、前もってシミュレーションをしていれば、そんなに大きく負けることはない。

さあ、明日から前倒し計画、始めてみよう。

32 逆算して行動する

あなたが営業マンだとして、10人に営業してひとつ成約できるとすると、その後の行動計画はすぐ立てることができる。10個販売するには１００人への営業活動が必要。１００個売るには１０００人への営業をすれば何とかなる。仮に電話やメールでアポイントを取るならば、アポイントが取れる平均確率が10％なら、１００個売るには1万人へアプローチし、１０００人に営業、その10％の１００人が買ってくれる確率となる。

例えば、これが年間目標ならば、アポイントを月に９００件かけることで目標に近づくわけだ。月20日の出勤なら1日45件のアプローチを自分のノルマにする。デジタル時代はデータと顧客分析でもっと効率的な営業ができるはずだから、さらに楽に行動スケジュールをこなすことができると思う。

ここで言いたいのは、靴を減らして動き回れということではない。

何事も逆算して行動計画を立てれば、できないことはないということだ。出口から逆算して考えないから、目標に到達せず、成績も上がらない。行動計画さえできれば、あとは自分を律することができるかどうか。サボる理由はいくつもある。できない理由も探せば出てくる。だけど、自分で立てた計画を最後まで遂行できれば、必ず結果はついてくるし自信につながる。そして、必ず周囲は見ているからあなたの評価は上がってくる。

経営も同じ。出口から考えて経営戦略を練ることができるか。
人生も同じ。生涯をイメージして今やるべきことに打ち込めるか。
この逆算思考が、自分を高みに登らせてくれるシンプルだけど、一番効果のある方法だと私は思う。

言い換えると、出口でイメージした自分以上の自分にはならない。だから夢は大きく持った方が良いのだ。夢を小さくすることはいつでもできる。できそうもない夢でも、その夢に向かって行動計画を立てて動いていると、夢に手に届きそうになってくる。最後にモノにできるかどうかは時の運があったり、世の中の流れがあったりするので１００％とは言わないが、夢に近づいたことで違う景色が見えてくるものだ。

ワタミの渡邉美樹社長が言う「夢に日付を」もまさしく同じ。

だから、私はいつも周りの人が本気にしてくれないような夢を語る。でも、いたって本人は本気なのだ。そして、少しでもその夢に近づくために、私は毎日計画を立てて努力を重ねている。

33 断られた人から改善案をもらう

自分が自信を持って売りたい商品やサービスにダメ出しされたら誰でも気分が悪いはず。こいつはモチベーションキラーだから付き合うのを止めようなんて思いがちだが、その前にやっておくことがある。

ダメには理由がある。そのダメの理由をひとつずつ改善していくと、あなたのサービスはさらに多くの人に喜ばれるものに進化するはず。モチベーションキラーと会って気分が悪いのは理解できるが、改善点というお土産をもらったのだから良しとしよう。

リクルートでは、「お客様に教えてもらう」ということがよく言われていた。求めるものも、足りないものもお客様が一番よくわかっているのは当然。ある意味、究極のマーケットイン、個別インタビューのようなものだから、「貴重な参考意見をいただき、ありがとうございます」くらいの気持ちを持っても良い。

もちろん、厳しい意見を全て鵜呑みにする必要はない。ストックしておいてある程度溜まった時点で、取り入れるか捨てるかを考えれば良い。

インターネット業界もオープン系が主流。ベータ版を世に出して、世界中の人が寄ってたかってバグを修正し、改良プログラムを次から次へと送り出してくる。ソフトウエアのアジャイル開発のように、設計とプログラミングを何度か行き来し、トライアンドエラーで改良していく手法が定着してきている。

最初から完璧なものを生み出す必要はない。あなたは叩き台となる金の卵を生む人、そしてあなたを取り巻く人々（文句ばかり言う顧客も含めて）はそれをより良いものにブラッシュアップしてくれる協力者。修正主義が身に付くと、世界中の人があなたの味方のような気になるのだ。

不易流行という言葉があるが、変えても良い部分と変えてはいけない部分（魂）の区分けをしっかり意識さえしておけば、断られることは何も怖くない。もっと良いものを生み出すために、堂々と半製品を周囲の人にプレゼンテーションしてみよう。

34 協力者を見つける

「蓼食う虫も好き好き」とは言わないが、どんな考えにも必ず賛同者や顧客がどこかにいる。その数が多いかどうかはともかく、その賛同者が見つかるまで諦めずに行動し続けてほしい。第2章11項にも書いたように、とにかく100人に夢を語り続けること。必ず道を切り開くキッカケになる人に出会うはず。

今や5万店舗を超える楽天市場も、スタート時は出店者を集めるのに苦労していた。立ち上げ時が一番苦しいのだ。最初はみんな様子見をし、誰かが賛同すると、私も私もと相次いでくる。

映画のプロデュースで出資金を集める時も、最初の1社目を決めるのはとても大変だが、1社決まると「あそこが出資するならウチも出しますよ」と乗ってくる会社がすぐに現れる。

では、こうした「最初に手をあげてくれる人」に出会うコツはなんだろうか?

前述のように、営業マンが初回訪問から受注を諦めてしまう平均訪問回数は11回目、受注できたケースの平均訪問回数は13回目。

そう。あなたの協力者に出会うまであと少しの辛抱。もう少しだけ諦めずに粘ってみよう。そこに成功への入り口が見えてくるのだ。

35 努力は本当に人を裏切らないのか?

「努力は人を裏切らない」って、本当だろうか？

私は何度も裏切られたことがある。その原因は努力する方向が間違っていたから。野球が上手くなりたいのに、長距離走の練習ばかりしていても上手くなるはずがない。せっかく労力をかけても努力の方向が間違っていては、目標に近づかないどころか、逆方向に進むこともある。下手をすると変なクセがついて、余計にマイナスになった経験を私は何度もしたことがある。

「仕事ができる人材になる」をもう一歩ブレイクダウンして、どんなスキルを身に付けたいのか、そのためには何を努力するのが適切なのかを設定する必要があるのだ。そして、ここで大切なのが「どんな努力をするか」を自分だけで決めないこと。「正しい人」に必ず意見を聞くこと。「正しい人」とは、その分野のプロフェッショナル&前向き&興味を持ってくれた人のこと。その「正しい人」のアドバイスを素直に聞き、努力の方向を確認することがとても重要なのだ。

さらに、その確認を１人だけで終わらせないこと。人にはそれぞれタイプがあるので、教えてくれた人の方法が自分に合わないことはよくある。最低3人に自分がやろうとしている努力の方向を確認し、教えてもらい、1番自分に合った方法に着手すること。

そうすれば、かなりの確率で努力は人を裏切らない。超プロフェッショナルになれないとしても、その分野のプロ、セミプロくらいには近づいていく。

だから、努力の方向を間違えないために、あなたに真摯にアドバイスしてくれる先輩や仲間の声に素直になって教えを乞いにいこう。その努力テーマを毎年ひとつずつ決めて、やり遂げていったら、あなたは間違いなく、1万人に1人の人材になれるはず。

もちろん、その努力テーマの設定に関しても、あなたが尊敬するビジネスマンに「テーマ自体に間違いがないか」を確認するのを忘れずに。

36 スキルの「わらしべ長者」

私は実は臆病だ。

これまでのキャリアを「はじめに」に書いたが、人事に始まり、雑誌編集、イベントプロデュース、映画プロデュース、ＩＴベンチャー経営、政治家、客員教授と移り変わってきた。

経歴だけ見ると、大胆なキャリアチェンジに見えるが、実は半歩ずつしかキャリアチェンジをしていない。

人事の仕事で新卒採用をたっぷり経験したので、学生の気持ちや行動パターンを理解しているという強みを活かして、大学生対象のキャンパスマガジンの編集に自ら希望して人事異動。読者（顧客）のことをよく知っているというスキルを利用しながら新しい職種に挑戦したわけだ。雑誌編集では、企画の立て方やクリエイターとの付き合い方、取材を通してエンタメ人脈という新たなスキルを手に入れる。

そして、その企画力、エンタメ人脈を活かしてイベントプロデュースに転向。私からすればウケる企画立案をすることは同じ作業で、それを紙媒体に落とすのか、イベントにするのかの違いだけ。とは言え、３万人のドームを満員にするというオペレーションやチケット販売など未知の領域は毎日が新しい経験の連続で、新しいスキルの習得になる。

映画プロデュースへの転向は、イベントの2次収入の確保という意味で、コンサートDVDのパッケージ化からスタート。DVD制作のスキルが身に付いた後、DVD制作の立場から映画製作委員会に参加し、映画の作り方・プロデュースの仕方を学んでいった。3万人がタテ乗りで踊るコンサートを企画する興奮は痺れるような感覚だったが、ステージを撤去したあとは寂しさばかり。加えて、ビジネスとしての爆発力や継続性の薄さを感じ、映画ビジネスのような公開後70年間は著作権が保護され、収益を生み続ける権利ビジネスを学ぼうと思ったのだ。

そして、IT企業の経営に移る。インターネットはテレビ、新聞、雑誌、ラジオに次ぐ第5のメディアだから、雑誌や映像のプロデュースをしていた私には、落とし込む媒体が変わるだけでコンテンツを作る過程は同じようなもの。また、一緒に仕事をするクリエイターたちがデザイナーやコピーライターから、ウェブデザイナーやエンジニアに変わっても彼らの特性やマネジメントの仕方には近いものがあったのである。

この企業経営経験を活かして、都市経営に挑戦しようと思ったのが政治家への挑戦。神戸市長選挙に挑戦した時の想いは、顧客が１５０万人の市民、その市民満足度を高め、約７０００人の市職員と一緒に神戸市という地方自治体を日本でナンバー１の自治体に改革しようと考えたのである。結局その想いは叶わなかったが、私の政策が他の地方自治体で活用されたり、行財政審議委員として呼ばれたりするようになったのは、経営スキルが活かされたからだと思う。

そして、最後の大学教員。これまで自分が学んできたことを、これからの人材育成に少しでも役に立てることができればと思っている。

このように、私はその時に保有しているスキルが活かせて、かつ新しいスキルが身に付けられる職種へ半歩ずつ転向して行った。

まったく何ができるかわからないところへ、飛び込む勇気はいまだにない。半歩ずつスキルを横展開してずらしながら、新しいスキル獲得を続けていった結果だ。他人から見ると脈絡のないキャリアに見えるかもしれないが、「半歩ずつだから勇気を出せた」というのが私の本音であり、たぶんこの方法ならあなたも取り入れることができるのではないだろうか。「わらしべ長者」は案外確率が高い手法なのである。

37 心の迷いを消すために

先日、26歳の大手企業で働くビジネスマンから次のように質問された。

「樫野さんの言っていることは頭ではわかるのですが、いろいろ迷ってしまって、決断できないんです。何が問題だと思いますか？」

「それは準備の問題じゃないかな」と私は答えた。

「大きな決断の成功確率は、他人から見た成功確率と自分自身が感じる成功確率は実際には全く違うよね。僕のキャリアチェンジは他人から見たら無謀な賭けに見えるかもしれないけど、僕の中ではその決断に至るまでに準備を重ねているから、あまり無謀な賭けとは感じていない。失敗したとしてもある程度近い線まで辿り着けるという自信を持っているケースが多いんだよ」

よく言われるように、勝負は準備で決まると言っても良い。

私の場合は、今携わっている仕事の「次にやりたい仕事」を暫定的に決めている。その仮設定に縛られる必要はなく、気が変わったら変更すれば良いくらいの柔軟さで仮に決めているのだ。

例えば、人事の仕事をしている時に、「もし人事異動するとしたら編集の仕事をしたいなぁ」と思ったら、編集関係の準備を始める。コピーライター養成講座に通ったり、友人の編集者に頼んで編集会議を見学させてもらったり、本業の人事の仕事でも採用パンフレットの制作に首を突っ込んだりする。

そうしているうちに、編集関係の知り合いが増えてきて、情報も入ってくるようになり、人事異動の季節に偶然にもお誘いがかかったりする。

こうした準備は、第1章の7項で書いた「山を2つ登ると見える世界が違ってくる」のように、実は本業のパフォーマンスにも良い影響を及ぼしてくるし、第4章23項で書いた「情報が集まる仕組みとは？」の「手を挙げる」を実践すれば良いだけだ。

だから私は、今から3年とその次の3年の「6年間で2つの仕事」を仮設定して、準備を始めている。その3年が4年に延びてもそれはそれで良し。あくまで「仮決め」しておくのが重要なのだ。そうすると、気持ちが熟した時、チャンスが来た時に、確信は持てないまでも、「なんとなくやれる」感じを持っているので、迷いが少ないのだと思う。他人は私のこうした3年がかりの準備を知らないので、「大胆な決断」のように見えるのだろう。

もうひとつ、準備で拘っているのは、努力の数を数えること。本を読むにしても年間100冊とか、映画を見るのも年間100本とか、興味ある業界の友人100人作るとか、SNSのフォロワーを3000人にするために毎日3回投稿するなど、努力を数字で見えるようにしている。その数字目標があるから、ついつい甘えそうになる自分を律することができている。

この数値化は、転職活動でもトーク上、かなり役に立つ。

アイ・エム・ジェイの新卒採用の面接で、体育会系でもない女子大生が、「私、腹筋300回できます」と自己PRしてきた瞬間、役員一同大きなインパクトを受けて、すんなり面接を通過させたことがある。他にも「アルバイトは100職種経験しました」とか、

「世界50カ国を旅してきました」とか、「インスタのフォロワー1万人います」など、数字が入ると言葉に説得力が出てくる。

こうした準備の裏付けとなる行動を数値化しておくと、それがまた自信のもとになる。

「1日も欠かさず、素振りをしてきた」から、「きっと明日はヒットを打てる」と信じることができるし、「神様も微笑んでくれるだろう」と、運を味方にすることもできる。

迷いは誰にでもある。

それを振り払うことができるのは、あなたの準備と行動だけなのだ。

おわりに

将来的にＡＩに仕事を奪われるとか、年金がアテにできないとか、入社した会社がブラックだったとか、上司がセクハラ・パワハラ野郎だったとか……なんで私だけこんな目に遭うの？ということが人生に起こることがある。

生まれた時代、親兄弟、住んでいる環境、経済的格差など、この社会に公平なことはない。でも、それを嘆いているだけでは事態は何も変わらない。

「過去と他人は変えられないが、自分と未来は変えられる」のだ。

快適で楽しい状態を作り出すように、自分自身が動きだすのが、悪い状態を抜け出す最良の策だ。

人生は長い。人生１００年時代は、もっと長く感じるようになるだろう。せっかくこの世に生まれたのだから、楽しんだ方が良いに決まっている。時間をかけて、スキルの軸を作り、居心地が良く、歩きやすい道を自分で選んでいくのだ。

「夢を実現させる」のではなく、「夢しか実現しない」。

私はいつも「こういうふうになったら、みんな喜ぶだろうな」「こんなことをしたらワクワクするな」というシンプルな想いを実現しようと仕事をしてきたので、実は苦労とか努力という言葉がピンとこない。夢中になって取り組んできた。熱中してきた。だから毎日が楽しかったのだと思う。そして、今もまた60歳を前にして新しいチャレンジが楽しくて仕方がない。

あなたの人生が笑顔であふれるように、ゴールまで気楽に、時には寄り道しながら、歩んでいってほしい。

大丈夫。きっと楽しい未来が待っているはず。

追伸

本書は20代30代の方に向けて書いたが、私と同世代の50代60代の方から社会で奮闘中の息子さん娘さんにプレゼントしてもらえれば良いなと思っている。

「そんなの直接、子どもに話しているよ」というご両親もいるだろうが、子どもの立場からすれば、親の言うことは意外とウザくて素直に聞きにくいもの。同じ内容でも、他人の言葉の方がスッと腹に落ちることも多い。

本書を読まれて、「概ねＯＫ」と感じてくれたら、このあとの空白ページにあなたがこれまでの人生で会得した「とっておきの方程式」を書き加えてもらいたい。その加筆によって本書は完成する仕組みになっている。

実は、本書は今年大学生になる私の娘に向けたメッセージでもある。面と向かって、こんな話を長々と娘とするのは気恥ずかしいし、娘もたぶん嫌がる。しかし、書籍としてプレゼントしておけば、将来壁に当たった時に読んでくれることもあるだろう。自分の娘に当てた「仕事を楽しくする方程式」だから、嘘偽りや信憑性のないことは書くはずがない。

本書が、もがきながら頑張っている人たちのビタミン剤になることを祈っている。

仕事の大前提を整える
100年ライフデザインを描いてみる

心の状態を整える
自分の気持ちを
マネジメントする

環境を整える
仲間、組織、場所を
再チェックする

アイテムを整える
できる人材の方程式を徹底的に盗む

準備と行動を整える
アーリースタートとスモールトライ

あなたの100年ライフデザインを描いてみよう

20年ごとのステージをデザインしてみる（修正可能だから**気楽に設定**するのが大事）

20歳〜	
40歳〜	
60歳〜	
80歳〜	
自分の死亡記事を書いてみる	*何をして、どういう人生を送ったか、新聞の訃報記事のようにまとめてみる。そこにあなたの生きる目的と願いが表れるはず。

次の仕事を仮決めしてみる
（スキルのわらしべ長者）

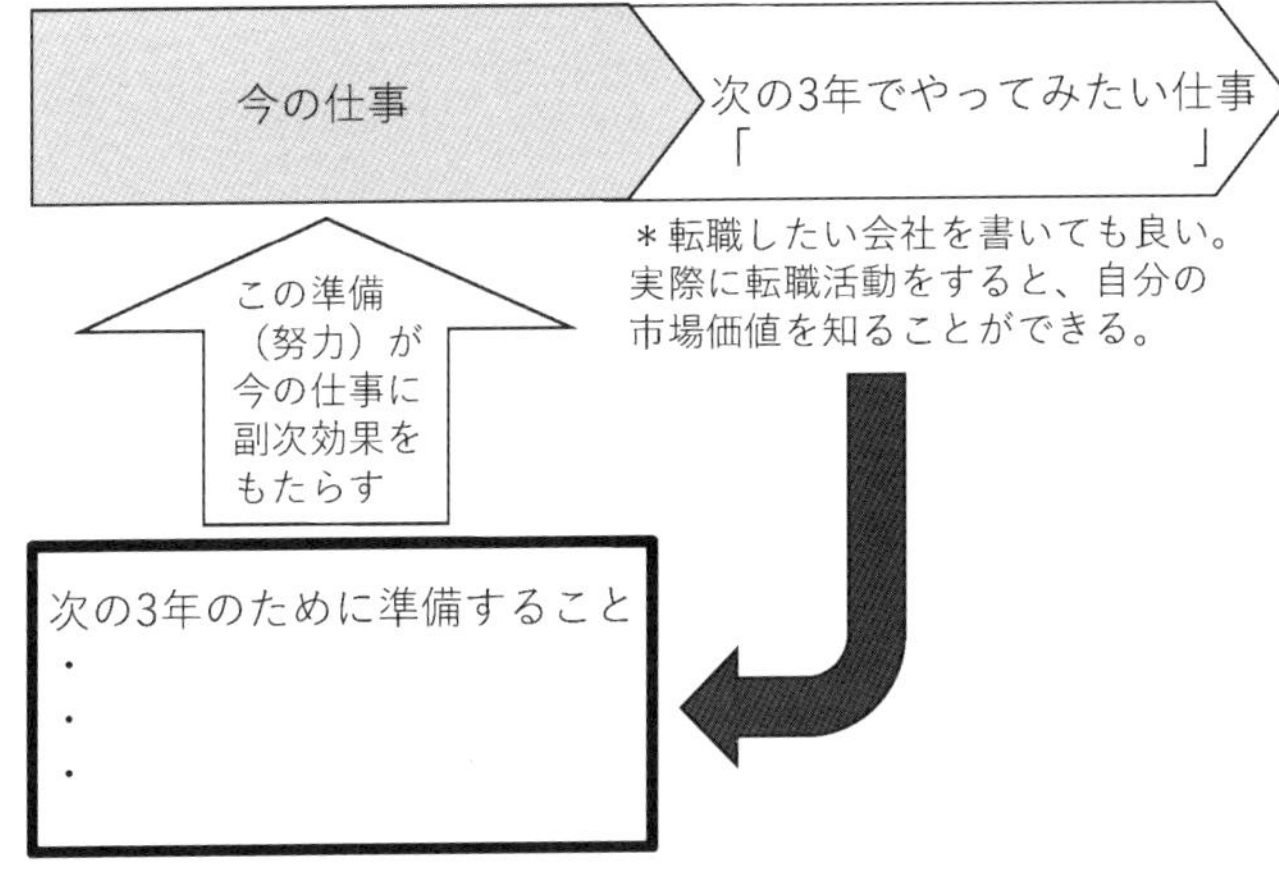

＊最終的に人事異動や転職するかどうかは、後で決めれば良い。
大切なのは、意思決定の選択肢を持つこと。
そうすれば、あなたは「NO」と言える勇気を
手に入れることができる。

あなたの「とっておきの方程式」

【著者】

樫野　孝人（かしの　たかひと）

1986年㈱リクルート入社。人材開発部、キャンパスマガジン編集長を経て、福岡ドーム（現・福岡PayPayドーム）のイベントプロデュースやヒルトン福岡シーホーク、ホークスタウンのコンサルティングに従事。その後、㈱メディアファクトリーで映像事業とコミュニティ FMを担当。2000年㈱アイ・エム・ジェイの代表取締役社長に就任し、ジャスダック上場。国内最大手のweb＆モバイル構築企業に成長させるとともに、「ＮＡＮＡ」「るろうに剣心」などの映画も製作。2009年と2013年の神戸市長選挙に立候補するも惜敗。その後、広島県や京都府の特別職参与として「おしい！広島県」や「もうひとつの京都」がショートショート・フィルムフェスティバル＆アジアで観光映像大賞（観光庁長官賞）を２度受賞。2015年兵庫県議会議員に初当選し、１期で卒業。

現在、㈱CAP代表取締役、全国地域政党連絡協議会（地域政党サミット）相談役、かもめ地域創生研究所理事として地方自治体のアドバイザーやコンサルティングを手がけながら、ビジネス、政治に続く人生三毛作目の「教育」分野で、HBMS（広島ビジネス＆マネジメントスクール）で講師をし、県立広島大学や叡啓大学のアドバイザーとして高等教育改革に挑んでいる。

著書に「福岡ドーム『集客力』の作り方」「情熱革命」「無所属新人」「地域再生７つの視点」「おしい！広島県の作り方～広島県庁の戦略的広報とは何か？～」「人口減少時代の都市ビジョン」「リクルートOBのすごいまちづくり」など。

仕事を楽しむ整える力

2021年5月28日　初版発行

著　者　樫野孝人　@Takahito Kashino 2021
編　集　嘉納　泉
発行所　CAP エンタテインメント
〒654-0113 神戸市須磨区緑ヶ丘1-8-21
TEL 050-3188-1770
http://www.kashino.net
印刷・製本／神戸新聞総合印刷
ISBN 978-4-910274-02-7　Printed In Japan

落丁・乱丁本は、送料小社負担にて、お取り替え致します。